Erich Schmid
Verhör und Tod in Winterthur

Erich Schmid

Verhör und Tod in Winterthur

Eine Reportage

Limmat Verlag Genossenschaft
Zürich

Umschlagillustration von Frank («Befragung zur Person»)

© 1986 by Limmat Verlag Genossenschaft, Zürich
ISBN 3 85791 097 6

I

Im Intercity nach Winterthur sausen rechts, dicht am Bahndamm, kleine braune Pünthüttchen im Schnellzugstempo vorbei. Es ist Sommer 1985. Ein Winterthurer im Abteil gegenüber erklärt einem Fahrgast, eine russische Zeitung habe kürzlich Fotoaufnahmen von solchen Schrebergärten abgedruckt und dazu kommentiert: Die Kehrseite des Kapitalismus – so sehen die Slums in der Schweiz aus.

In der Stadt, der wir uns nähern, herrscht noch immer kalter Krieg; zum ersten Mal hatte ich diesen Unsinn über die Winterthurer Pünten vor mehr als zwanzig Jahren gehört – ebenfalls auf einer Bahnfahrt nach Sulzer-City.

Der Zufall wollte es, dass ich in der Nacht zuvor im letzten Zug auf der gleichen Strecke jener Persönlichkeit begegnet bin, die diesen kalten Krieg seit Jahren schürt: Alt-Bundesrat Rudolf Friedrich, Winterthurer Rechtsanwalt und Exponent des Wirtschaftsfreisinns. Er hatte sich stets für die schweizerische Rüstungsindustrie eingesetzt und schiesst selber auf manches, was ihm politisch als links erscheint.

Die Legende über die jetzt vorüberziehenden braunen Hüttchen erinnert mich an Friedrich, wie er im April 1983 das gängige Schreckensbild der Sowjetunion dazu benutzt hatte, die Friedensbewegung in der Schweiz zu diskreditieren. Damals hatte er als Vorsteher des Eidgenössischen Justiz- und Polizeidepartements in einer Nacht- und Nebelaktion Alexei Dumow, Leiter des sowjetischen Nachrichtenbüros Nowosti in Bern, vom Schweizer Boden verschwinden lassen und nach Russland abgeschoben: Persona non grata im Ermessen des Bundesrats. Die Sowjetagentur wurde polizeilich geschlossen; der Botschaftsattaché Leonid Owtschinnikow kam dem Vollzug seiner Ausweisung zuvor, indem er vom Urlaub nicht zurückgekehrt ist.

Aufgrund eines «Amtsberichts der Bundesanwaltschaft» behauptete Friedrich, die beiden unerwünschten Ausländer hätten «sich in die inneren Angelegenheiten unseres Landes eingemischt». Im Zusammenhang mit den Friedensaktivitäten in der Schweiz sprach er von der «Schützenhilfe Moskaus». Deren Ziel sei die «Gefährdung der inneren Sicherheit der Schweiz» gewesen. Zwei Schweizer Journalisten, Nowosti-Angestellte, verloren durch die Polizeiaktion ihren Arbeitsplatz; laut Bundesanwaltschaft waren sie unter anderem an der Vorbereitung zur nationalen Friedensdemonstration im Dezember 1981 in Bern «massgeblich beteiligt» gewesen. Diese und viele andere Behauptungen stellten sich nachträglich als «unhaltbar» heraus, wie das Tages-Anzeiger Magazin am 5. November 1983 nachweisen konnte. In Wirklichkeit nahmen die friedlichen Demonstrationen für Friedrich offensichtlich bedrohlichere Ausmasse an als die zu jener Zeit nahe der Schweizergrenze stationierten US-Atomraketen: Pershings und Cruise Missiles.

Als ich letzte Nacht Friedrich zufällig im gleichen Abteil traf, ging ich zu ihm hin und fragte: «Sind Sie nicht zufällig Herr Friedrich?» – «Nein, nicht zufällig, sondern tatsächlich», lachte er.

«Es würde mich sehr interessieren, was Sie über die Winterthurer Ereignisse denken», fuhr ich fort.

«Welche Ereignisse?» fragte er.

Ich erklärte ihm, dass das Wohnzimmerfenster seiner Villa vor einem Jahr, im August 1984, Ziel eines sogenannten Sprengstoffanschlags gewesen sei.

«Ach, diese Geschichte, die hab' ich längst vergessen!» Wieder lachte er und wollte sich abwenden. Da sprach ich ihn auf ein Interview in einer Schülerzeitung vom Februar 1985 an. Darin hatte er – gut ein Jahr vor Abschluss der Untersuchung – erklärt, die im Zusammenhang mit den Winterthurer Anschlägen von 1984 verhafteten Jugendlichen seien lediglich «von ein oder zwei Rädelsführern angestiftet» worden. – Woher er diese Information habe?

Friedrich lehnte sich zurück und versprach, auch mir ein Interview zu geben, auf das ich dann verzichtete, nachdem ich ihn hatte an den Anschlag auf sein Fenster erinnern müssen.

Mit «Rädelsführer» konnte Friedrich nur den verhafteten jungen Maler gemeint haben: Frank, den Vorverurteilten, dem – aus politischen Gründen – lange vor dem Prozess der Winterthurer Stadtrat den ersten Preis des Kunststipendiums verweigerte.

Ein Blick aus dem Zugfenster: die Autobahnunterführung beim Rossberg in Winterthur-Töss. Auf der gigantischen Stützmauer, grauer Sichtbeton, das Nachtwerk von Sprayenden: «Freilassung aller Gefangenen der Winterthurer Razzia».

Am 20. November 1984 hatten Stadt- und Kantonspolizei bei der grössten je durchgeführten Verhaftungsaktion auf einen Schlag 24 Jugendliche flächenartig festgenommen; sechs wurden zur Fahndung ausgeschrieben und zwei weitere in die Ermittlungen einbezogen.

Etwas weiter vorn auf der Stützmauer hat jemand ein schwarzes Kreuz zum Gedenken an Franks Freundin Anna aufgespritzt.
    Anna, 23jährig, hatte sich einen Monat nach ihrer Verhaftung im Winterthurer Bezirksgefängnis mit dem Kabel eines elektrischen Tauchsieders erhängt. Nach über *sieben* Stunden Verhör durch zwei Beamte der Bundespolizei hatte sie keinen andern Ausweg mehr gesehen. – War es «der einfachste Weg», wie der verantwortliche Bezirksanwalt nach ihrem Tod behauptet hatte?

Dass von diesem Verhör lediglich *fünf* Seiten Protokoll existieren, bereitet den Verteidigern grösste Sorgen; bei Annas letzter Einvernahme sei etwas nicht mit rechten Dingen zugegangen, ein Einvernahmeprotokoll von *fünf* Seiten entspreche in der Regel der Verhördauer von *einer* Stunde. – Was geschah in den übrigen *sechs* oder *sieben* Stunden? Was war zwischen den beiden Bundespolizisten und der jungen Frau vorgefallen?

Von Aufschriften beim Rossberg und Mahnkreuz für Anna hat in diesem Städteschnellzug kaum jemand Notiz genommen; hier an der Peripherie fährt der Intercity noch zu rasch, und ausserdem unterbrechen schon bald meterhohe Ufergebüsche eines Wiesenbächleins die Sicht auf die Mauer.

Dennoch sind die Sprays den städtischen Behörden ein Dorn im Auge.

Für ein sauberes Winterthur hat die Bauverwaltung in den letzten Jahren Zehntausende von Franken ausgegeben.

Strasseninspektor W., zuständig für die Reinigung von «Schmierereien», wie er sagt, hat mich vor drei Stunden telefonisch in sein Büro eingeladen. Er möchte mir gerne die amtsinterne Dokumentation über die Sprayaktionen der letzten Jahre zeigen, damit ich mir «von den Sachbeschädigungen ein Bild machen könne». Ich bin unterwegs zu ihm.

Zu Recht hat Winterthur den Ruf einer Gartenstadt. Kaum ein Wohnhaus ohne einen Streifen Grün davor. Die Winterthurer Arbeiterschaft sollte es besser haben als die Zürcher in ihren dichtgedrängten Mietskasernen; die Rechnung der Oberschicht war dann auch aufgegangen. Zur Linken flitzen nun kilometerlang die Sichtbacksteinfassaden und Milchglasfensterfronten der grossen Industriebetriebe Sulzer und Rieter vorüber. Hier fielen 1937 mit der knappen Verhinderung eines Streiks die letzten Würfel für das noch heute geltende Friedensabkommen zwischen Gewerkschaften und Unternehmern. Hier hat sich – ausgehend von der ersten durch den Unternehmer E. Sulzer-Ziegler 1890 eingesetzten Arbeiterkommission der Schweiz – im Verlauf von Jahrzehnten eine nationale Hochburg firmentreuen Verhaltens gebildet (Thomas Buomberger, «Kooperation statt Konfrontation»). Lange Zeit erhielt die Arbeiterschaft dafür die Sicherheit des Arbeitsplatzes.

Erst seit einigen Jahren bröckelt diese Sicherheit allmählich ab: Rationalisierungsmassnahmen und Einbrüche in der Auftragslage. In kurzer Zeit sind bei Sulzer in relativer Stille gegen 1000 Angestellte entlassen oder nicht mehr ersetzt worden. Dies entspricht etwa einem Gutteil der Belegschaft. Doch der Glaube an die Aktiengesellschaft, die – zu Unrecht – immer noch die Aura eines Familienunternehmens verbreitet, blieb ungebrochen. Man arbeitet nicht in der Maschinenfabrik oder bei der Firma Sulzer, sondern bei «Sulzers».

Das Kleinbürgertum hat in der Industriestadt tiefe Wurzeln geschlagen. Es horcht erst auf, wenn jemand gegen seine Moral verstösst, und die ist: So früh wie möglich in die Federn, damit man am Morgen fit zur Arbeit erscheint. Bloss die oppositionelle Jugend hat den Glauben an die Winterthurer Industrie spätestens seit der 1980 erfolgten Lieferung partieller Atomanlagen (Schwerwasser) der Firma Sulzer an die faschistische Militärjunta Argentiniens verloren; von Argentinien wusste man damals, dass es an A-Waffen bastelte – heute weiss man, dass es solche hat. Aus Schülern und Lehrlingen, Schülerinnen und Lehrtöchtern entstanden mitunter «Die winzigen Feinde», wie sich eine Gruppe Winterthurer Jugendlicher nach dem Titel ihrer Untergrundzeitung bezeichnete. Für sie gab und gibt es in diesem Klima der Anpassung und Intoleranz keinen Platz.

Unerbittlich und übereifrig waren schon 1980 die gleichen Personen an die Front marschiert, die 1984 im Zentrum der Winterthurer Ereignisse standen: Eugen Thomann, damals Geschäftsleiter der Bezirksanwaltschaft, sein untergebener Untersuchungsrichter Peter Marti und Rudolf Friedrich als einflussreicher Nationalrat der freisinnigen Partei und politischer Scharfmacher. Zweieinhalb Wochen nach der Sulzerdemo vom 18. Oktober liessen Thomann und Marti trotz friedlich verlaufener Kundgebung zwei Demonstranten auf dem Weg zur Arbeit verhaften. Der eine war für Wochen in Untersuchungshaft, obschon er, wie sich herausstellte, am 18. Oktober nicht in Winterthur war. Als der Arbeitskollege des «Demonstranten» Bezirksanwalt Marti in einer Zeugenbefragung erklärte, der Verhaftete habe am fraglichen Samstag mit ihm in Zürich gearbeitet, glaubte ihm der Untersuchungsrichter nicht und liess auch ihn – wegen falscher Zeugenaussage – einsperren. Erst als eine ganze Reihe von weiteren Zeugen den Sachverhalt bestätigten, musste Marti den Zeugen nach 32 Stunden und den vermeintlichen Demonstranten nach 14 Tagen Isolationshaft freilassen. Mit Entschädigungsfolgen für den Staat.

Der andere für die Dauer von neun Tagen eingesperrte Sulzer-Demonstrant war Frank. Er hatte Sprayende vor der Anwesenheit von Polizeispitzeln gewarnt – und wurde später wegen Hinderung einer Amtshandlung zu einer Gefängnisstrafe verurteilt.

Gegen dieses «kriminalisierende Vorgehen der Justiz» protestierte eine breite Öffentlichkeit. Im Weinländer Tagblatt (Herausgeber SVP-Nationalrat Erwin Akeret) schrieb Akeret: «Es bleibt unklar, was die Behörde mit diesen unverhältnismässigen Massnahmen erreichen will. (...) Sie sind bestens dafür geeignet, das ruhige Klima anzuheizen.» Der wirtschaftsfreundliche Stadtanzeiger doppelte nach: In Winterthur verhalte sich eine «völlig verunsicherte Behörde ungeschickt». Und die Jugendhausleitung entrüstete sich über «die auffällige Häufung» von Razzien und Personenkontrollen, die «leicht das Gefühl entstehen lassen, hier sei im Hintergrund etwas im Gange, was bei vielen Betroffenen Zweifel an unseren demokratischen Verhältnissen hervorruft». Die Trägerschaft des Jugendhauses schloss Eugen Thomann, der Mitglied war, aus dem Verein aus. Kurz darauf – war es die Antwort? – gab's im Jugendhaus eine Razzia, die bisher grösste; Thomann liess erneut fünf Jugendliche verhaften, darunter wieder Frank.

Inzwischen protestierten auch die Demokratischen Juristen gegen die unrechtmässige Untersuchungshaft, Totalisolation, Kontaktsperre und die Verweigerung von Verteidigungsrechten sowie die Inhaftierung von Zeugen, worauf ihnen Nationalrat Rudolf Friedrich im Landboten vorwarf, sie brächten mit ihren «seltsamen Pressekonferenzen» (...) «die Strafverteidigung als Institution in Verruf»; er forderte, dass «sich die Aufsichtskommission der Rechtsanwälte damit befasst». Das war das letzte (Macht-)Wort zur Sulzerdemo, womit 1980 die Ruhe – vorerst – wieder hergestellt war.

Vom Hauptbahnhof bis zum Tatort sind es nur wenige Schritte. Hier, in der Wülflingerunterführung, hat das Winterthurer Tiefbauamt «am häufigsten reinigen lassen müssen», wie mich Strasseninspektor W. am Telefon vorinformiert hat.

Die bemoosten Natursteinverkleidungen sind verschwunden, ebenso die Fussgängerstreifen über die Strasse. Dafür gibt's nun von der Fahrbahn abgetrennte Fussgängerröhren, Fussgängerbrücken, Fussgängertreppen, die zwar eine sichere Überquerung der Wülflingerstrasse ermöglichen – doch dafür muss man heute die zehn- bis zwanzigfache Wegstrecke zurücklegen.

Im Alltag scheint dieses gigantische Bauwerk gefährlicher als früher, denn selbst der frühere Stadtbaumeister überquert heute die Wülflingerstrasse, wie er mir in einem Gespräch eingestanden hat, in der Regel nicht auf der neuen zeitraubenden Brückenkonstruktion, sondern am alten Ort – ungeschützt, auf verbreiteter Fahrbahn. Verbreitert wurde sie mit dem Argument des öffentlichen Verkehrs, eigene Busspur. Ausserdem verkrafte die Wülflingerunterführung nicht länger den «zunehmenden Schwerverkehr», zumal die Zürcherunterführung am andern Bahnhofsende ihn mangels Durchfahrtshöhe seit je nicht zulasse. Die Zürcherunterführung wurde dann mit noch grösserem Aufwand schwerverkehrsgerecht saniert – kurz nach der Wülflingerunterführung, die jetzt dank erhöhter Durchfahrtshöhe weniger Schwerverkehr hat, als das Stimmvolk hätte glauben sollen.

An diesem warmen Julinachmittag irre ich beinahe fröstelnd in diesem kühlen -zig Millionen schweren Betongeschwür herum und spreche meine Eindrücke leise ins Diktaphon. «Tod den Schweinen». Dieser Spray entstand bestimmt nach Annas Tod.

Ich notiere auch ältere, teils schon verblichene, teils halb gereinigte: «Ich sehe überall Elche», dazu ein Geweih mit Filzstift, ein A in einem Kreis für Autonomie, ein Totenkopf, «Beton ist hohl» und «Friedrich heil» – statt eines i-Punkts ein Hakenkreuz für den Alt-Bundesrat. – Weshalb?, überlege ich, so weit sind wir ja hierzulande (noch) nicht. Vielleicht, weil er nach Annas Tod öffentlich behauptet hatte, es bestehe «keinerlei Anlass, daran zu zweifeln, dass die Untersuchungsbehörden die Strafverfahren korrekt und rechtgemäss zum Abschluss bringen»? Ein Denkzettel, weil Anna noch vor dem «rechtgemässen Abschluss» in Untersuchungshaft starb?

Ich blicke in Richtung Friedrichs Haus – es ist nur etwa hundert Meter von hier entfernt – und bemerke im gleissenden Licht der Tunnelöffnung eine dunkle Gestalt, die plötzlich zur Seite springt. Hab' ich richtig gesehen, oder war das eine Sinnestäuschung? – Ich laufe zum Ausgang der Fussgängerröhre: Keine Menschenseele.

Der Rückweg zur Innenstadt führt mich auf eine Fussgängergalerie – ein Bauwerk, leicht erhöht, das offenbar Platz schuf für ein schönes Blumenbeet mit widerstandsfähigen Sträuchern. Es liegt dem sagenumwitterten Geschäftssitz der «Gebr. Volkart» zu Füssen und verziert seinen Rundbau, insbesondere auf Abbildungen, wie Marzipan eine Torte.

Das Gratisgrün aus Steuergeldern hat die öffentliche Hand wohl ebenso diskret hingepflanzt, wie die Herren der Firma ihren weltweiten Baumwoll- und Kaffeehandel und ihr europaweit bekanntes Mäzenatentum betreiben. In Winterthur, der Stadt der privaten Museen, läuft in der etablierten Kultur wenig ohne Zustupf der Brüder Reinhart.

Eine (öffentliche) Hand wäscht die andere (private) hinter einem Schleier der Besitzes- und Namensverwirrung; *die* Volkarts sind nur noch ein Phantom: Mitte letztes Jahrhundert hatte die Familie Volkart das Handelshaus gegründet, das männliche Geschlecht starb vor der Jahrhundertwende aus, während die letzte Erbin einen Reinhart heiratete. So heisst heute noch Volkart, was in Wirklichkeit Reinhart besitzt. Und das ist viel. Viel mehr jedenfalls, als sich hinter der Tortenfassade vermuten lässt. Immer wieder haben Journalisten zu recherchieren versucht. Ohne viel Erfolg. Selbst die konservative Schweizerische Handelszeitung, die am ehesten über einen Draht zu Volkart/Reinhart verfügt, ist auf Schätzungen angewiesen. Sie vermutet einen Jahresumsatz von rund drei Milliarden Franken (entspricht rund einem Viertel der Migros) bei minimalstem Aufwand an Personal. Laut «Bilanz» (4/1984) beschäftigen die «heimlichen Giganten» insgesamt 450 Angestellte, 130 davon in Winterthur. Diese – bekannten, aber nicht kontrollierbaren – Zahlen des Familienunternehmens beziehen sich jedoch ausschliesslich auf den Hauptsitz und die fünfzehn hundertprozentigen Tochtergesellschaften. Die wirkliche Grösse lässt sich nur erahnen; beispielsweise anhand der weiteren indischen und pakistanischen Beteiligungsgesellschaften mit bis zu dreissig Prozent Volkart/Reinhart-Anteilen; Voltas Limited, Bombay, importiert in Indien europäische Güter, darunter Chemikalien, und beschäftigt allein 9000 Angestellte. Diese Volkartfirma ist jedoch nur eine von neun deklarierten Beteiligungsgesellschaften. «Daneben existieren mehrere Beteiligungen mit finanziellem Charakter», heisst es in der jüngsten Volkart-Festschrift schlicht.

«Verschwiegenheit zeichnet die Familienmitglieder des Handelshauses Gebr. Volkart auch am Übergang von der vierten zur fünften Generation aus», so beginnt ein Artikel des Tages-Anzeigers im Rahmen einer Serie über Schweizer Welthandels- und Transportfirmen (26.11.80). Man erfährt jedoch, dass Mitte vergangenen Jahrhunderts der junge Salomon Volkart «die Chance nutzte, die sich mit der Aufhebung der britischen Navigationsakte 1849 eröffnete» (was den freien Handel ermöglichte). Damals griff ein Volkart-Konsortium mit drei eigenen Segelschiffen vorab in den Baumwollhandel ein. Heute ist die Volkartgruppe – weltweit! – eine der bedeutendsten im Baumwoll-, Kaffee-, und Kakaogeschäft; nach eigenen Angaben verkauft sie international ein Zwanzigstel sämtlicher über die Grenzen verschobenen Baumwollmengen und ebensoviel Kaffee, sowie ein Zweiunddreissigstel allen Kakaos der Erde.

Die Kolonialzeit bescherte diesem Unternehmen in wenigen Jahrzehnten einen ungeheuren Reichtum. Über das Wie und Wo munkelt man hinter vorgehaltener Hand, Volkart habe bis zum Sezessionskrieg in den USA nicht nur Rohstofffasern aus dem Baumwollgürtel der US-Südstaaten nach Europa transportiert, sondern auf dem Rückweg ins Anbaugebiet über Afrika auch schwarze Sklaven mitgenommen. Gegen dieses Gerücht spricht allerdings, dass seinerzeit das Winterthurer Grossbürgertum, darunter Salomon Volkart, ideell die Nordstaaten unterstützte.

«Solche Märchen» seien im Zusammenhang mit der Finanzierung der bedeutenden Kunstsammlung von Oskar Reinhart aufgetaucht, bestätigte mir auch die Konservatorin der Reinhartschen Stiftung «Am Römerholz». Obschon Lisbeth Stähelin jahrzehntelang unter dem Mäzen Oskar Reinhart arbeitete, habe sie mit «dem Herrn Doktor» nie über die Herkunft des Reichtums gesprochen. «Er war sonst schon aufgeschlossen, der Herr Doktor», sagte Frau Stähelin, «aber darüber schwieg man sich in diesen Kreisen aus».

Und man schweigt bis heute. Dafür sorgte erst vor kurzem, genau am 17. Juni 1985, der immer wieder als Sprecher in Angelegenheiten der Familie Reinhart auftretende freisinnige Winterthurer Stadtpräsident Urs Widmer. Mit einer persönlichen Note an

SRG-Generaldirektor Leo Schürmann murkste er einen «Schauplatz»-Beitrag des Schweizer Fernsehens zum 100. Geburtstag von Oskar Reinhart ab; TV-Redaktoren hatten versucht, Hintergründe des Reinhartschen Mäzenatentums auszuleuchten.

Auch der (durch Lesungen in seiner herrschaftlich gelegenen Privatvilla am Greifensee) im Kulturkuchen beliebte Filmproduzent Georg (Tschöntsch) Reinhart, selber einst Volkart/Reinhart-Kaffeeagent in Brasilien, hüllt sich in Schweigen. Auf die Frage, woher denn sein vor zwanzig Jahren verstorbener Grossonkel Oskar das viele Geld hergehabt habe, meinte Tschöntsch: «Da müssen Sie ihn selber fragen.» Schliesslich riet er mir, die Stadtbibliothek oder das Stadtarchiv aufzusuchen, die ebenfalls schweigen wie ein Grab.

Hier, am Ende der Wülflingerunterführung, am St. Georgenplatz, wundere ich mich nicht sonderlich darüber, dass auch der Volkart-Rundbau mit seinen bunkerähnlich vergitterten Erdgeschossfenstern im ereignisreichen Jahr 1984 einige Sprayparolen abbekommen hat.

Im Vorübergehen schnappe ich bei der Boulevardbestuhlung des nahen Restaurants «Talgarten» die Bemerkung über «einen Neger mit einem weissen Schwanz» und das darauffolgende Gelächter auf – als Witzecho aus einem giftig-gelben Bierstangenwald.

Es ist früher Nachmittag. Der Winterthurer Alltag spielt Ordnung und Reinlichkeit zwischen neu emporgeschossenen Geschäftshäusern der inneren City; hier sind die Sprayparolen zum grössten Teil verschwunden. Erst am Parkhaus bei der Technikum-/Archstrasse tauchen die bunten Zeugnisse des Protests wieder auf. Farbkleckseputzen habe sich hier als Sisyphusarbeit erwiesen, versichert mir die Verwaltung.

Ein paar Schritte weiter gegen das Technikum (heutige Bezeichnung: Höhere Technische Lehranstalt) hat das genossenschaftliche Hotel/Restaurant «Winterthur», früher «Volkshaus», im November 1984 ebenfalls ein Stücklein Winterthurer Geschichte gemacht.

Hier soll sich kurz vor den Massenverhaftungen der in Sachen Sprengstoff ermittelnde Kommissär V. der Bundesanwaltschaft an der Rezeption mit der Berufsbezeichnung «Terrorist» eingeschrieben haben.

Obschon dieser Vorfall nur ein typisches Polizistenscherzchen aus V.'s Witzkiste war, hatte der inkriminierte Meldezettel Folgen. Konsequenterweise gelangte die Anmeldung kurz nach der Aktion «Engpass» (polizeiinterne Bezeichnung für die Razzia) aufs Pult des federführenden Offiziers der Zürcher Kantonspolizei (Kapo). Derweil Kommissär V. nie einen Hehl daraus gemacht hatte, dass er das plumpe und grobe Durchgreifen der Zürcher Kapo, insbesondere das des leitenden Offiziers aus Winterthur, verabscheute – und diesmal demonstrierte er es mit seiner Anmeldung im Hotel: «Bei denen in Winterthur könnte man sich im Hotel womöglich als ‹Terrorist› einschreiben, ohne dass die es ‹schnallen› würden». So V. im Kreis der Angehörigen.

Was der Kapo-Offizier aus Winterthur dennoch «schnallte», war dass «so etwas natürlich nicht geht», wie er mir später auf Anfrage erklärte. Er (oder war es sein Stellvertreter, wie er später behauptete?) verpetzte den provozierenden Kommissär bei der Bundesanwaltschaft in Bern und verlangte, V. unverzüglich aus Winterthur zurückzuziehen.

Es mochte an der Nervosität während der soeben angelaufenen Grossaktion gelegen haben, die damals trotz grobem Geschütz keine gesicherten Hinweise lieferte, dass die Berner ihren Kommissär schon einen Tag nach Bekanntwerden der Hotelanmeldung in aller Schärfe rügten. Die Rede war – in Anlehnung an eine TV-Serie – von den «seltsamen Methoden des Inspektor Wanninger». V. wurde stante pede in die Bundesstadt zurückgepfiffen und in den Innendienst versetzt.

Doch die Aussicht auf Büroarbeit an der Taubenstrasse 16, nach jahrelanger aufregender Delinquentenjagd im Aussendienst, trieb den 45 jährigen Kommissär offenbar zur Verzweiflung.

V. trat den Innendienst nicht an, sondern fuhr am folgenden Arbeitstag frühmorgens statt ins Büro zu seiner Tochter. Von ihr verabschiedete er sich mit den Worten: Er gehe jetzt auf «eine lange Reise», weil ein gewisser Kapo-Offizier gegen ihn intrigiert und seine Versetzung erreicht habe. Daraufhin fuhr er mit seinem Wagen zum Grab seines Schwiegervaters...

In der Erinnerung der bei der Razzia Verhafteten war Kommissär V. der einzige Verhörbeamte, «mit dem man normal reden konnte», wie einige nach ihrer Freilassung einer Journalistin erklärten; V. sei «menschlich» gewesen. In Wirklichkeit war er ein äusserst raffinierter, hundertfünfzigprozentiger, hochkarätiger Polizist, der – im Grunde ein scharfer Strafverfolger – nach aussen die weiche Tour markierte: Menschlichkeit, psychologisches Geschick als Mittel zum Zweck. V.s Methoden waren etwa: Schoggistengeli als kleine Aufmerksamkeit beim Besuch in der Zelle und die Reservation eines Bildes von Frank während der Weihnachtsausstellung im Winterthurer Kunstmuseum.

Vor mir liegt die Technikumsstrasse, einst Hauptverkehrsachse zwischen Zürich und St. Gallen. Die Höhere Technische Lehranstalt, eingesäumt von Alleebäumen und Hecken, war am 21. September 1984 ebenfalls Ziel eines sogenannten Sprengstoffanschlags gewesen. Ein mit 250 Milliliter Schwarzpulver aus Feuerwerkskörpern (1.-August-Raketen) oder aus Patronen (blinde Munition) hergestellter Sprengsatz richtete geringen Sachschaden an – nach grober Schätzung von Staatsanwalt Pius Schmid «ca. Fr. 4143.--» (Anklageschrift Frank).

Während ich am Ende des Schulgebäudes der wenig befahrenen Zeughausstrasse entlang flaniere, auf der Suche nach dem Strasseninspektorat, fallen mir drei unauffällige Personenwagen auf, die abwechselnd im Kriechtempo an mir vorüberrollen. Zweimal von vorn, dreimal von hinten.

Im Büro des Strasseninspektors erklärt mir Herr W., dass die Bauverwaltung kurz vor dem eidgenössischen Turnfest im Frühjahr 1984 eine grossangelegte Reinigungsaktion vorgenommen habe. Angeordnet habe sie sein Vorgesetzter, Stadtrat Peter Arbenz. «Persönlich». Arbenz sei der Meinung gewesen, dass Winterthur eine «saubere Stadt» sein müsse, wenn Tausende von Turnfestgästen aus der ganzen Schweiz herbeiströmten. «Da machen die Schmierereien doch keine Gattung!», habe der Stadtrat gesagt.

«Daraufhin», fährt W. fort, «erstellte ich eine Liste von sämtlichen Sprayereien in Winterthur, und ‹dieser Liste› bin ich dann mit dem Stadtrat im Auto von Spray zu Spray nachgefahren; wir haben praktisch alle Unterführungen, Stützmauern, ganze Strassenzüge und auch private Häuserfronten auf Schmierereien abgeklopft. Und immer wieder sagte Herr Arbenz: ‹*Das* fällt auf, *das* ist weniger schlimm, *dieser* Spruch ist gruusig›...» Man hätte «eigentlich keine» Reinigungskriterien gehabt, ausser dass er, W., «alles» auf einer Liste habe ankreuzen müssen, was irgendwie «auffällig» gewesen sei.

Man sei dann «sofort generalstabsmässig» vorgegangen. Nach Einholen von Offerten verschiedener Reinigungsfirmen habe die Bauverwaltung in einer Grossaktion losgelegt – in der Hoffnung, den «Schmierern» bleibe bis zum Turnfest keine Zeit, um erneut zu sprayen. Diesen Wettlauf um Sauberkeit hätten die Winterthurer Behörden vorerst auch gewonnen.

Aber der Blitzeinsatz mit Eimer und Bürste habe «eine schöne Stange Geld» gekostet. Insgesamt war dem freisinnigen Stadtrat der Schein, die Winterthurer Turnfeststadt sei noch in Ordnung, 73000 Franken wert. Und, wie ich höre, kamen auf diese Weise eine ganze Menge von privaten Hauseigentümern – ungefragt – zu einer frisch geputzten Aussenfassade. Die Saubermänner hatten nicht nur Unterführungen, sondern ganze Häuserfluchten in Angriff genommen: egal, ob öffentliche Bauten oder private.

«Mit Tausenden von Franken hat sich die Stadt gegenüber Privaten sehr nobel verhalten», meint Strasseninspektor W. «Etwa ein Drittel der (Turnfest-)Reinigungskosten entfiel auf private Hauseigentümer – und ausgerechnet mit diesen haben wir zum Teil die denkbar schlechtesten Erfahrungen gemacht», klagt W. Denn die Hauseigentümer reklamierten wegen entstandener Farbunterschiede im Aussenanstrich; zum Teil habe man Fassaden nach der Reinigung reparieren müssen. «Und als beispielsweise eine unserer Putzequipen beim Landboten zu reinigen begonnen hatte», gesteht W., der Fachmann, «rief mich der Chefredaktor an und fluchte, was mir eigentlich einfalle, ungefragt die Aussenwand zu säubern. Ich erklärte ihm, dass die Reiniger im Auftrag von Stadtrat Arbenz handelten, worauf der Landbote-Chef meinte, auch wenn das *so* sei, lasse er sich solche Eingriffe nicht gefallen. Pflichtgemäss informierte ich natürlich sofort Herrn Arbenz, damit er nicht gleich aus allen Wolken falle.

Es gab dann eine Korrespondenz zwischen Landbote und Bauverwaltung, doch die Zeitung bestand darauf, die Schmierereien als ‹Mahnmal der Epoche› stehenzulassen».

Der Winterthurer Strasseninspektor kratzt sich am Kinn: Schwierigkeiten seien auch bei der Steinbergapotheke, bei der Krankenfürsorge, bei der Stadtkirche und der Kirche Wülflingen sowie beim Parkhaus an der Archstrasse aufgetreten. Zum Teil habe man begonnene Reinigungen noch vor Abschluss stoppen müssen.

Schliesslich sei er gezwungen gewesen, bei Stadtrat Arbenz zu intervenieren, weil derartige Reinigungsaktionen natürlich bald einmal in ein «chaibe Geld hineingingen». W. meint: «Ich meine, mit solchen Ausgaben für private Bauten können wir doch nicht laufend das Budget für die normale Strassenreinigung belasten!»

W. holt ein paar ansehnliche Ordner hervor und

zeigt mir eine umfangreiche «Dokumentation» von Sprays in der ganzen Stadt. «Ins intensive Fotografieren sind wir erst gekommen, nachdem sich die Kantonspolizei kurz vor der Razzia immer mehr für die Sachbeschädigungen interessierte. Plötzlich tauchten Beamte auf, beinahe täglich: Entweder M. und L. vom Posten Hauptbahnhof oder B. aus Töss und ein Kantonspolizist aus Winterthur-Seen. Vorher hatten wir jahrelang Ruhe, aber vor der Razzia haben die uns beinahe verrückt gemacht mit immer neuen Strafanzeigen. Früher hatten wir einfach ganz normal gereinigt und hofften, dass diese Schmierereien irgendwann aufhörten. Aber vor der Razzia erschienen die Kantonspolizisten auf einmal mit Fotos. Dann forderten sie auch Fotos von uns, was natürlich erhebliche Mehrarbeit bedeutete. Für jede kleinste Kleckserei verlangten sie jetzt eine separate Schätzung der Reinigungskosten. Diese bräuchten sie für die Strafanklagen, haben sie uns erklärt. Sie müssten ganz genau wissen, wann rot, wann schwarz oder wann grün gesprayt worden sei. Bei der Wülflingerunterführung zum Beispiel waren auf kleinster Fläche drei verschiedene Farben zu erkennen. Wir wurden so aufgeklärt, dass es sich dabei um drei verschiedene Straftaten handle.» – So sei man im Jahr 1984 auf die Zahl von 450 bis 500 Sachbeschädigungen gekommen, erklärt mir der Strasseninspektor.

Zuständig für «Sachbeschädigung», insbesondere für Sprays und Kleckssereien an öffentlichen und privaten Bauten, ist grundsätzlich die Stadtpolizei. – Warum übernahm diese Aufgabe die Kantonspolizei? Weshalb erst im Vorfeld der Razzia? Brauchte man Straftatbestände für Leute aus dem Umfeld der verdächtigten Szene, um sie als Angeschuldigte einzusperren? Weil die Inhaftierung von vermuteten Zeugen für die sechs Sprengstoff- und die gut zwanzig Brandanschläge des Jahres 1984 ungesetzlich gewesen wäre? Wollte man damit den Flächencharakter der Engpassaktion rechtfertigen? Wie erklärt sich der plötzliche Eifer der Beamten?

Zum Abschied sagt mir W.: «Was mir jetzt auf dem Magen liegt, sind die Verunreinigungen beim Rossberg. Kaum haben wir die Stützmauer fotografiert, gereinigt und zum Schutz vor wiederholten Schmierereien imprägniert, ist schon wieder ein schwarzes Kreuz hingeschmiert worden. Jeder internationale und jeder Bummelzug von und nach Zürich fährt daran vorbei, und jeder Abonnementfahrer sieht die Inschriften – ein besseres Aushängeschild hätten sich die Schmierer gar nicht auswählen können!»

Vor dem Werkhof des Strasseninspektorats schwenkt ein Personenwagen, der mir bereits vor dem Besuch bei W. aufgefallen ist, aus dem gegenüberliegenden Parkplatz und fährt stadteinwärts. –

Wieder dieses merkwürdige Gefühl, das ich fortan in Winterthur nicht mehr loswerden sollte.

An einem andern Nachmittag, beim Treffen mit Albert und Etienne, zwei Razziaopfern, halte ich noch immer eher für «Bullenparanoia», was mir die beiden «Wintis» zu erklären versuchen: Wer zur Wintiszene gehöre, werde noch heute, ein halbes Jahr nach der Verhaftung, überwacht. «Pass nur auf, du wirst es schon sehen, wenn du noch ein paarmal mit uns sprichst», sagt Etienne. Er ist siebzehn.

«Du hast keine Ahnung, was im Jahr 1984 alles los war, in Winterthur. Sonst würdest du dich nicht mehr wundern. Erinnerst du dich an die beiden Fahndungsfotos, die eine Woche nach den Verhaftungen in der Presse erschienen sind?»

Natürlich, der Winterthurer Landbote hatte einen Fahndungsaufruf der Kantonspolizei als erste Zeitung veröffentlicht – neben einem Bericht über die Brandstiftung in zwei Schützenhäusern.

«Dadurch wurden Assoziationen provoziert, die für die Betroffenen mehr als unangenehm sind», schrieb darauf eine Leserin. Umstritten waren jedoch nicht bloss die «Assoziationen», sondern auch die Verletzung des Persönlichkeitsschutzes von Minderjährigen. Was der Grund gewesen sein soll, weshalb andere Zeitungen auf eine Publikation verzichteten. Doch die Kantonspolizei war Sturm gelaufen. Mit dem Tages-Anzeiger hatte sie in dieser

Sache einen regen Meinungsaustausch. Darauf publizierte einen Tag später auch dieser, was Engpassleiter Eugen Thomann sich wünschte: Die Porträts von Etienne und George, das eine ein bisschen schief (Bilder Kapo), zweispaltig mit Kästcheneinrahmung oben rechts als Blickfang.

«Der Schiefe war ich», fährt Etienne fort, «das Bild entstand ziemlich genau vor einem Jahr. Damals hatte mich ein Stadtpolizist, immer derselbe, wochenlang durch die Stadt gejagt, weil ich angeblich ein Töffli geklaut hatte. Ich hatte Angst. Es gab laufend Personenkontrollen. Die Bullen drangen jede Woche mindestens einmal in unsere Wohngemeinschaften ein. Ohne Haft- oder Durchsuchungsbefehle. Sie verfolgten uns nachts mit Streifenwagen auf dem Heimweg und hatten offensichtlich Spass daran. Einmal konnte ich mich nur noch im letzten Moment mit einem Sprung in den Hintereingang des ‹Widders› retten, worauf der Streifenwagen auf dem Trottoir prompt die Hausecke rammte. Der Mauerschaden ist noch heute sichtbar.

Als ich zudem noch erfuhr, dass die Bullen mich überall suchten – immer noch im Zusammenhang mit dem Töffli – wagte ich mich kaum mehr auf die Strasse. Aber nach einiger Zeit entdeckten sie mich doch. Auf der Marktgasse. Sofort nahmen sie die Verfolgung auf. Es war eine richtige Hatz. Ich rannte in ein Schallplattengeschäft und riss in der Panik Gestelle um. Ich entkam. Doch am folgenden

Tag verhaftete mich der Stadtpolizist in unserer Wohngemeinschaft an der Neuwiesenstrasse. Später, auf dem Posten am Obertor, liess er mich stundenlang in einer engen Abstandszelle warten. Bei der anschliessenden Einvernahme warf er mir den Töfflidiebstahl vor. Man hat mich aber nie angeklagt. Es war eine Verwechslung.

Irgendwann, nach Stunden, führten mich die Beamten in einen Raum, wo sie mich fotografieren wollten. Ich hatte damals einen schön ausrasierten Irokesenschnitt. Sie setzten mich vor die Kamera, konnten die erkennungsdienstliche Behandlung aber nicht begründen. Sie sagten bloss, sie wollten ein Bild von meinem neuen Haarschnitt. Da hielt ich eben nicht still. Ich drehte mich immer wieder weg. Der Stadtpolizist drohte, falls ich seine Anweisungen nicht befolge, schlage er mich zusammen; ich sei übrigens der erste der Winterthurer Szene, der ‹ins Gras beissen› müsse. Genauso hat er es gesagt. Als ich wieder den Kopf drehte, packte mich ein Bulle von hinten, und ein anderer, welcher, weiss ich nicht mehr mit Sicherheit, versetzte mir einen Faustschlag in den Bauch. Ich klappte zusammen, und als ich mich hochrappelte und schräg nach oben blickte, drückte der Fotograf auf den Auslöser. – Genau dieses Bild erschien in den Zeitungen: als Fahndungsfoto!»

Zu dritt sitzen wir im «Rheinfels», die schönste aller Gartenwirtschaften der Gartenstadt. Sie liegt am

Rand des Stadtparks. Dieser, ein Idyll mit Goldfischteich, Springbrunnen und Pergolaecken, ist umgeben von neoklassizistischen Bauten: Kunstmuseum, Stadtbibliothek, Stadthaus und vor allem der «Stiftung Oskar Reinhart». Das einstige Gymnasium beherbergt eine der bedeutendsten Privatsammlungen Europas.

«Wie ein Märchen» mute es an, schrieb der Landbote zum hundertsten Geburtstag des Mäzens, dass die Arbeiterstadt im Dezember des Krisenjahres 1939 bei einer Stimmbeteiligung von 78 Prozent einen städtischen Umbauzustupf von 1,3 Millionen Franken gutgeheissen habe.

Es freute sich der Ex-Rohstoffhändler, Platz zu bekommen. Damit er seine unzähligen, durch den ganzen Kontinent gejagten und nach Winterthur verbrachten Kunstwerke alter Meister endlich versorgen konnte; er liebte das restaurative 19. Jahrhundert über alles. – «Expressionismus, Kubismus, Abstraktion bleiben fern, auch allzu Dramatisches, Heftiges, Lautes liebt er nicht», sagte Dr. Michael Stettler am 11. Juni 1985 in seiner Festrede, um dann die Sammlerpersönlichkeit mit deren eigenen Worten zu beschreiben: «Ich sammle, wie ich sehe und nicht, wie die Kunstgeschichte es will!» – L'art, c'est moi!

«Nachdem die Bullen mein Porträt geschossen hatten, schlossen sie mich wieder in die kleine Abstandszelle, wo ich mit ausgestreckten Armen beide

Wände berühren konnte», fährt der Siebzehnjährige fort. «Nach dem Faustschlag gönnten sie mir eine kurze Erholung, damit ich nicht allzu angeschlagen den Polizeiposten verlasse. Ich begann wie wild, die Zellenwände zu zerkratzen, von oben bis unten. Ich weiss nicht mehr weshalb, ich tat es einfach. Nach einer halben Stunde liessen sie mich frei.

Doch nur drei Tage später verhaftete man mich erneut – diesmal wegen Sachbeschädigung in der Abstandszelle. Der Schaden belaufe sich auf 500 Franken. Jetzt musste ich mich splitternackt ausziehen. Die Beamten filzten meine Kleider und nahmen mir alles ab, damit ich, wie sie sagten, die Mauern nicht mehr beschädigen könne. Sie sperrten mich in eine längliche Zelle, wo ich nichts hatte und nicht wusste, wann ich diesen Polizeiposten je wieder verlassen konnte. Nach langer Zeit kam ein Polizist herein, pflanzte sich vor mir auf und zog wortlos ein rotes Klappmesser aus der Tasche. Er öffnete die Klinge und schritt auf mich zu. Ich hatte Todesangst und dachte, jetzt ist es vorbei. Mein ganzer Körper verkrampfte sich bis ins Innerste.

Er befahl mir, die Arme vorzustrecken und fuhr mit der Klinge unter meine Lederarmbänder und schnitt sie durch. Zuerst links, dann rechts. Darauf verliess er die Zelle ebenso wortlos, wie er hereingekommen war.»

Etienne und Albert blicken immer wieder nervös zur Seite, und während am Tisch nebenan einige Gäste Platz nehmen, rücken wir etwas näher zusammen.

Der eine war drei Wochen, der andere länger im Gefängnis. Etienne wird bald abreisen, umso vorsichtiger ist er jetzt bei der Schilderung seiner Erlebnisse. Wir reden vom «Delphin», dem Haus gegenüber, welches im Juni 1981 nach einer 1. Mai-Besetzungsaktion abgebrochen worden war – trotz eben erlassenen Verbots der kantonalen Baudirektion. Stadtrat und Bauvorstand Peter Arbenz, Bruder des Untersuchungsrichters Ulrich, war persönlich an Ort, um sich der gründlichen Arbeit der Baumaschinen zu versichern.

Das Gebäude, ein exaktes Doppel der aufwendig renovierten «Villa Ehrenberg» in Zürich, findet sich nur noch im Inventar schützenswerter historischer Bauten. Auf dem leeren Grundstück mit kümmerlich dahinvegetierendem Unkraut weiden manchmal Schafe. Eine Exklusivität mitten im Stadtzentrum.

Auch hier, im «Rheinfels», soll bald eingegriffen werden. Mit einem 1,7-Millionenkredit zur Totalsanierung. – Ob die Gartenwirtschaft noch schöner wird?

Etienne spricht nun etwas leiser: «Wegen des Faustschlags beim Fotografieren beschwerte ich mich beim Polizeikommando. Der Stadtpolizist wurde meines Wissens sogar gerügt. Aber er liess nicht locker. Im Gegenteil: Ich wurde seine Hassfigur.

Kurze Zeit später liess er bei den Eltern meines Freundes gesprächsweise durchblicken, dass er mich zusammenschlage, wenn ich ihm das nächste Mal über den Weg laufe. Das war an einem Sommerabend 1984, wieder auf der Marktgasse.
Der Stadtpolizist jagte hinter mir her, gassauf. Beim Eingang meines Hausarztes flüchtete ich ins Treppenhaus und rannte mit letzter Kraft hinauf zur Praxis. Aber sie war bereits geschlossen. Ich rüttelte an allen Türen bis ins oberste Stockwerk. Alle waren verriegelt, und dort stand ich nun vor verschlossener Estrichtür. Ich sass in der Falle. Unter mir hörte ich die schweren Bullenschritte. Sie kamen höher und höher, Etage um Etage. Verzweifelt riss ich die Tür eines Wandschranks auf. Ich kroch hinein und wartete, bis die Schritte ganz nah bei meinem Versteck verstummten. Da zog ich verzweifelt mein Taschenmesser hervor. Wieder krampfte sich mein ganzer Körper zusammen. Eine ganze Weile blieb es still, und irgendwann verhallten die schweren Schritte im Treppenhaus. Ich hatte Glück gehabt.»

Glück für wen – für Etienne oder für den Beamten? Wir entschliessen uns, das Gespräch ohne Nachbarschaft andernorts fortzusetzen: Auf der Aussichtsterasse beim Goldenberg.
Inzwischen ist es dunkel geworden. Wir stellen unseren Wagen auf den Parkplatz vor dem zweiten Winterthurer Reinhartmuseum, der «Sammlung Oskar Reinhart Am Römerholz», spazieren auf der

Allee des Goldenbergparks aufwärts und bleiben dann und wann stehen. Etienne legt sich auf die Oberfläche einer zentimetergenau kubisch geschnittenen Zierhecke, kippt auf nachgebenden Zweigenden beinahe die Böschung hinunter, fängt sich wieder auf und räkelt sich jetzt behaglich ins Thujagrün.

«Nun fehlen mir nur noch die Trauben», scherzt er – im Hintergrund die verschlafene Kleinstadt im Dunstnebel, und mitten drin, als wär's eine überdimensionierte Kommandozentrale, leuchten die Fenster eines einsamen Wolkenkratzers: Das Verwaltungsgebäude der Gebr. Sulzer; an Weihnachten ergibt die Bürobeleuchtung jeweils das Bild eines 95 Meter hohen Christbaumes. Die Kulisse hinter Etienne ist perfekt; er greift mit würdevoller Geste in eine nicht vorhandene Tonschale und schiebt sich laufend imaginäre Traubenbeeren in den Mund: Träume Am Römerholz.

Auf einmal springt er von der Hecke: «Seht mal, wir bekommen Besuch!» Am unteren Ende der Allee erlöschen die Scheinwerfer eines Kombiwagens. Nichts rührt sich. Nach einer Weile steigt ein Mann aus. Er schaut in alle Richtungen, scheint etwas zu suchen. Ein anderer wartet im Wagen. Der Mann kommt uns einige Schritte entgegen. Er bemerkt uns nicht. Dann geht er zum Parkplatz und schaut unseren Wagen an.

«Nun erlebst du mal den Unterschied zwischen

Bullenparanoia und Wirklichkeit: Was du jetzt siehst, ist echt.» Albert stösst mich in die Rippen. Die Lichter gehen wieder an. Langsam fährt der Kombiwagen den Goldenberg hinunter. «Dem werden wir heut' abend bestimmt nochmal begegnen», sagt Albert.

Auf dem Rückweg in die Stadt folgt uns tatsächlich ein Kombiwagen, biegt jedoch bald ab. Bei der nächsten Kreuzung erwartet uns allerdings wieder ein Fahrzeug mit zwei Gestalten, die sich, wie mir scheint, auffällig unauffällig nach uns umschauen. – Ob dieser zweite Wagen dazu gehört?
Wir fahren zu einer der drei Wohngemeinschaften, die bei der Razzia ausgehoben worden war. Sie ist inzwischen an die Felsenhofstrasse im Quartier Veltheim gezogen.

Das Haus ist eine städtische Liegenschaft. Stadtrat Arbenz hatte sie – vier Jahre nach dem Delphinabbruch – den aus dem Gefängnis entlassenen Szenenleuten zur Verfügung gestellt. – Frisch verwanzt im Dienste seines Bruders? Die Wohngemeinschaft, die ständig beschnüffelt wird, hält vieles für möglich. Man hat an der Felsenhofstrasse jedenfalls ein Lebensgefühl, als ob man sich in den eigenen vier Wänden nicht alles sagen könnte, was man möchte; die Nachricht über den Verbleib und das Befinden eines flüchtigen Angeschuldigten wird mir in diesem Haus auf einer abgerissenen Zeitungsecke schriftlich mitgeteilt. Nachher wird sie verbrannt.

Der Gedanke an all die Einschränkungen und immer wieder die Frage, was «Bullenparanoia» und was Wirklichkeit ist – das lähmt und verwirrt fürs erste.

Im selbstverwalteten Restaurant «Widder», einziger öffentlicher Szenentreffpunkt, setzt meiner letzten Verabredung an diesem Sommertag die Polizeistunde um 23 Uhr ein abruptes Ende. Der staatlich verordnete Vormitternachtsschlaf, lasse ich mir sagen, zeige deutlich, wer bestimme, wo es in dieser Stadt langgeht: Die Winterthurer Oberschicht, durch Ehen und Verwandtschaften mit den grossen Industriellen verflochten, sei daran interessiert, dass die Arbeitskräfte frühmorgens gut ausgeruht zur Arbeit erscheinen.

Auf dem Trottoir vor dem «Widder» höre ich von einem Kulturschaffenden, dass Winterthur trotz sorgsamer Pflege alles Musealen für neuere Kultur weitgehend ein Holzboden geblieben sei. Der Vorstoss der Sozialdemokraten, im alten Zeughaus ein Kulturzentrum einzurichten, sei unter anderem mit dem Argument, man wolle hier nicht etwas Ähnliches wie die Rote Fabrik in Zürich, gebodigt worden. Solches dürfe man in Winterthur «ungestraft» sagen und ernte nicht einmal Hohngelächter. Winterthur baue ein protziges Theater, leiste sich aus Kostengründen aber kein eigenes Ensemble. «Vor allem die Baulobby verdient an der Kultur!», ruft mir einer der Herumstehenden im Weggehen nach. Halb im Scherz, halb verbittert.

Popopoi führt mich zu ihrem alten, auffälligen Wagen auf dem Parkplatz vor dem Technikum. Wir lassen beide Vordertüren offen, ein warmes Lüftchen durchzieht das Innere. Wir lehnen behaglich in die Lederpolster, und Popopoi erzählt:

«Im letzten Herbst 1984 wollten wir ein Theater aufführen – ein Stück ohne Worte. Ein Landstreicher spielt in einem Park Gitarre. Eine Frau schlendert vorbei. Die beiden lächeln sich zu. In diesem Augenblick fährt ein Streifenwagen vor. Uniformierte verbieten dem Landstreicher, ohne Bewilligung öffentlich zu musizieren. Er wehrt sich. Es kommt zu einem Handgemenge. Der Strassenmusikant wird zusammengeschlagen und verhaftet.

Zweiter Akt: Freunde und Freundinnen des Landstreichers ziehen vors Gefängnis und fordern seine Freilassung. Die Frau vom Park schliesst sich der Demonstration an. Sie hört den Landstreicher um Hilfe schreien und sieht ihn durch die Gitterstäbe. Da stürzt sie nach vorn, eine Menschenmenge reisst sie mit, und bald schlagen Flammen aus dem Knast – der Landstreicher ist frei und landet in den Armen der jungen Frau.»

Das Stück, das mit brennender Gefängniskulisse hätte enden sollen, ist nie aufgeführt worden. Unmittelbar vor der Premiere waren die Akteure und

Akteurinnen, darunter auch Popopoi, der Razzia vom 20. November zum Opfer gefallen. Statt der vorgesehenen Aufführung veranstaltete der Rest der «Wintiszene» einen Solidaritätsabend, der nicht mit brennender Kulisse geendet hat. Inzwischen wieder Freigelassene informierten über die Untersuchungshaft der fünfzehn noch inhaftierten «Wintis».

«An jenem Abend stand die Stadt noch immer unter dem Engpass-Schock. Überall Streifenwagen, Fusspatrouillen, Strassenkontrollen. Das Kleintheater am Gleis, wo wir uns versammelten, war umstellt. Zuvor hatten sich Zivilisten nach den Personalien der Organisatoren erkundigt. Dabei war weder eine Demo noch eine Kundgebung geplant. Wir hatten eine Wut. Das Polizeiaufgebot sollte uns wohl einschüchtern.

Aber wir liessen uns nicht provozieren. Die Polizei, die uns mit Terroristen verglichen hatte, infiltrierte das Kleintheater mit Spitzeln – und ein paar von denen wollten dann im nachhinein gehört haben, wie ein junger Mann, Mitglied der Revolutionären Sozialistischen Jugend (RSJ), zu Brandstiftungen aufgerufen hatte. Das RSJ-Mitglied wurde zwei Tage später auf dem Heimweg festgenommen und für neun Tage in Untersuchungshaft gesetzt. Bezirksanwalt Peter Marti forderte als Ankläger drei Monate Gefängnis wegen Aufrufs zum Verbrechen. Aber wir hatten lediglich über das weitere Vorgehen nach der Razzia diskutiert, und dabei hatte einer gesagt, man solle sich jetzt nicht provozieren lassen – auch wenn unsere Freundinnen und Freunde wegen Brandanschlägen angeschuldigt und inhaftiert sind.»

Wer die Polizeispitzel waren, blieb streng geheim. Auch das Gericht erfuhr nie, wer die Vertrauensleute der Polizei im Kleintheater waren. Und so konnte es auch nicht überprüfen, ob diese Zeugen der Anklage glaubwürdig waren. Die Richter mussten auf die Glaubwürdigkeit eines Zeugenstellvertreters vertrauen. Und das war «ein hoher Offizier der Kantonspolizei» (Tages-Anzeiger) oder genauer: Stabschef Eugen Thomann, Kommissär V.s Erzfeind.

Später sprachen die Richter das RSJ-Mitglied frei, bestraften es aber mit der Auferlegung der Untersuchungskosten. Der Freigesprochene erhielt keine Entschädigung für die unrechtmässige Untersuchungshaft. Er wird möglicherweise Zehntausende von Franken für Anwalts-, Untersuchungs- und Gerichtskosten bezahlen müssen, falls nicht eine höhere Gerichtsinstanz zu einem andern Schluss kommt.

Die letzten Restaurantgäste sind auf dem Heimweg; neben unserm Wagen entstehen Parklücken. Es ist eine halbe Stunde vor Mitternacht. Ein Sommerabend geht zu Ende; nichts Aussergewöhnliches, ausser dass immer wieder die gleiche Gestalt als kleines Figürchen ganz langsam über den Rückspiegel huscht.

«Niedergeschlagenheit», fährt Popopoi fort, «breitete sich aus, nach der Razzia. Unsere Freundinnen und Freunde waren in irgendwelchen Knästen verschwunden. Für Wochen und Monate. Was man ihnen konkret vorwarf, wussten wir nicht. Mich hatte man bloss verhaftet, weil man mich öfters mit Leuten aus der Szene beobachtet hatte. Was nicht weiter verwunderlich war; ich arbeitete im ‹Widder›, wo sie sich trafen.

Während meiner eintägigen Untersuchungshaft im Polizeigefängnis des Autobahnstützpunkts Winterthur-Ohringen, dort befindet sich übrigens eine Art unterirdischer Geheimknast für Dutzende von Gefangenen, stellten mir die Beamten immer wieder die gleichen Fragen: An welchen Tagen ich mit wem wohin gefahren sei. Sie brauchten Zeugen, und aus diesem Grund wurde ich offensichtlich ins Gefängnis gesteckt. Über mich wollten die Bullen gar nichts wissen, sie fragten mich nur über die einzelnen Szenenleute und die Wohngemeinschaften aus.

Draussen hörten wir nichts mehr von denen drinnen, ausser ab und zu von einer Verlegung in ein anderes Gefängnis. Wir durften kaum Briefe schreiben oder Päckli schicken, nicht einmal die Botschaft «Ich umarme Dich» wurde weitergeleitet. Wegen Kollusionsgefahr in einem Strafverfahren.

Obwohl angeblich die Richtigen verhaftet worden sind, war die Polizei auch nach der Razzia überall präsent; beinahe stündlich fuhren Streifenwagen auf, wo immer wir auftauchten – man wollte uns zum Schweigen bringen und den Protest gegen die Verhaftungen ersticken.»

«Uns behandelten die wie Dreck. Anders jedenfalls als wohlhabende Leute. Meines Wissens hat der Waffenfabrikant Bührle morgens um sechs beim Erwachen nicht in die Waffenläufe von Polizisten schauen müssen, bevor sie ihn zur Einvernahme ins Gefängnis schleppten. So geschehen aber mit den Leuten aus der Szene, die nicht einmal einer Straftat beschuldigt wurden.

Bührle, der nie ein Gefängnis von innen gesehen hat, kassierte, wenn es mir recht ist, für die Lieferung todbringender Waffen in Kriegsgebiete acht Monate Gefängnis bedingt. Ebensoviel, aber unbedingt, forderte die Bezirksanwaltschaft für zwei Farbaktionen, unter anderem am Volkartgebäude.»

«Nach dreiwöchiger Ungewissheit über die Vorgänge im Gefängnis», fährt Popopoi fort, «kam endlich der erste Gefangene frei. Es war Albert.

Eines Abends kam er auf dem Heimweg mit Freunden durch die Wülflingerunterführung. Vor dem Eingang der Fussgängerröhre blieb er stehen und pinkelte. Die andern gingen weiter, blieben dann aber stehen und warteten auf ihn. Da kritzelte einer mit Filzstift auf die Tunnelwand: ‹Ich sehe überall Elche›. Das war nicht einmal übertrieben, wir wurden ja laufend überwacht. Obschon die Polizisten unsere Namen längst wussten, verlangten sie alle paar Tage irgendwo auf der Strasse unseren Ausweis.

Albert und seine Freunde gingen dann nach Hause. Als er am 20. November mit uns allen verhaftet wurde, warf ihm Untersuchungsrichter Arbenz vor, er habe in der Wülflingerunterführung mit der Aufschrift ‹Ich sehe überall Elche› eine Sachbeschädigung von 350 Franken begangen. Weil dieser Betrag allzu offensichtlich überrissen war, hat man ihn dann auf 240 Franken reduziert.

Arbenz glaubte ihm nicht, dass er nur gepinkelt habe. Drei Wochen lang hatte er Albert immer wieder vorgehalten, es sei doch nicht logisch, gegenüber einem Blumenbeet an eine Stützmauer zu ‹pissen›, weil ihm auf diese Weise der ‹Piss› hätte gegen die Schuhe fliessen müssen. Arbenz habe nie urinieren gesagt, sondern immer nur ‹pissen›. Auch in der Anklageschrift war von ‹Pissen› die Rede – wie bei einem Hund.»

Später sprachen die Richter auch Albert von Schuld und Strafe frei. Ebenfalls ohne Entschädigung für die unrechtmässige Untersuchungshaft und ebenfalls mit der Auflage, die Kosten der Untersuchung zu übernehmen.

«Von Albert hörten wir zum ersten Mal, was einzelnen vorgeworfen wurde, und wie es für ihn war im Knast, und wie es den andern zumute sein musste, die noch drinnen waren. Wie es mit dem Recht, die Aussage zu verweigern, in Wirklichkeit steht, und was die Isolationshaft bedeutete. Wir organisierten Informationsabende mit Eltern, Freunden und Freundinnen, Angehörigen und Betroffenen. Wir protestierten mit Flugblättern gegen die Iso-Folter im Gefängnis, und am 15. Dezember, es war an einem Samstag, gingen wir auf die Strasse. Es war eine der grössten Demos, die in Winterthur je stattgefunden hat. Aber wir waren umzingelt. Grenadiere in Kampfausrüstungen, soweit das Auge blickte. Am folgenden Dienstag, es war am 18. Dezember, hörten wir von Annas Tod im Gefängnis.».

Popopoi starrt an mir vorbei ins Leere. Sie spricht nicht gern darüber. Sie hat offensichtlich keine Worte, die ausdrücken könnten, was sie zum Tod ihrer Freundin fühlt.

Ich lasse sie schweigen. Eine Stunde haben wir gesprochen. Jetzt werden die Ledersessel unbequem. Die Wagentüren stehen immer noch offen. Das Lüftchen hat sich etwas abgekühlt. Im matten Schein der Innenbeleuchtung schaue ich Popopoi lange Zeit an. Sie hat den Kopf gesenkt. Ich werde unruhig, blicke mal dahin mal dorthin, bohre mit dem Kugelschreiber ein Loch in meine Notizen – und schaue dann auf. In diesem Augenblick sehe ich eine Bewegung im Rückspiegel. – Ist es wieder die

Figur, die schon vorher hinter unserem Wagen auf und ab gegangen ist?

Mit einem Ruck drehe ich mich um. Eine Gestalt springt zur Seite und verschwindet hinter einem Zierstrauch. – Sehe ich doppelt? Ja, ich sehe sie doppelt: Zum einen in Originalgrösse bei der Hecke vor dem Schulgebäude, zum andern als zehn Meter hoher Schatten an der mit Bodenscheinwerfern beleuchteten Fassade der Höheren Technischen Lehranstalt. – «Bullenparanoia»? Ich eile auf den Vorplatz.

Es ist inzwischen Mitternacht vorbei. Die Allee menschenleer. Um so auffälliger der etwa dreissigjährige Mann, der jetzt dem Schulgebäude entlang huscht und sich davonzustehlen sucht. Nur er konnte den Riesenschatten verursacht haben. Er hat mich bemerkt; seine Schritte werden schneller. Entschlossen, den Schnüffler zu stellen, folge ich ihm.

«Hallo Sie – warten Sie doch bitte mal einen Augenblick! Wer sind Sie?», rufe ich ihm zu.

Der Mann läuft weg. Am Velounterstand vorbei in die Dunkelheit. Ich bin nur noch wenige Schritte hinter ihm. Da bleibt er plötzlich stehen und dreht sich um.

«Wer sind denn *Sie*?», fragt er zurück.

Seine Entschlossenheit überrascht mich. Ich habe eher einen verklemmten Voyeur erwartet. Aber vor mir stand ein selbstbewusster Mann.

«Sagen Sie mir nun bitte, was Sie von uns wollen?», wiederhole ich meine Frage, etwas unsicherer als zuvor. Da holt der Mann mit seinem rechten Arm wie zu einem Schlag aus. Dicht vor meinem Gesicht hält er inne. «Das frage ich Sie!», ruft er. – Verschwommen sehe ich in der offenen Handfläche einen Plastikausweis mit den Grossbuchstaben POLIZEI.

Noch bevor ich mich auf die Lesedistanz von vier Zentimetern einstellen kann, ist der Ausweis weg.

«Polizei», sagt der Beamte. Er schaut ins Gebüsch und fügt hinzu: «Zentrale! Personenkontrolle am Technikum! – Wie heissen Sie?».

Ich überlege, wen er wohl mit Zentrale meint und schaue ebenfalls ins Gebüsch.

«Wie heissen Sie?», wiederholt er.

«Ich habe Sie zuerst gefragt», antworte ich, «und ausserdem weiss ich immer noch nicht, wer Sie sind».

«Meinen Ausweis habe ich Ihnen gezeigt! Sagen Sie jetzt endlich, wer Sie sind!» wiederholt der Polizist.

Ich versuche ihm beizubringen, dass ich den Ausweis wohl gesehen hätte, nicht aber seinen Namen.

«Meinen Namen sage ich Ihnen erst auf dem Polizeiposten, dies kann ich Ihnen versichern! Geben Sie jetzt Ihre Personalien an – oder Sie kommen mit auf die Wache!»

Soll ich zum Wagen zurück und meinen Ausweis holen? – Ich denke an Popopoi; sie hat schon genug Ärger mit der Polizei gehabt.

«Zentrale!», wiederholt der Beamte. Von der Zentrale höre ich nichts. Der Schnüffler hat ein drahtloses Mini-Hörgerät im Ohr und ein verstecktes Mikrophon irgendwo in der Jacke. Meine Personalien gehen direkt auf die Zentrale; er wiederholt sie nicht. – Vor mir also die Mensch gewordene Wanze.

Die Zentrale scheint Schwierigkeiten mit meinem Geburtsdatum zu haben. «Stimmt Ihr Geburtsdatum?», fragt die Wanze.

«Ja.»

«Haben Sie einen Führerausweis?»

«Ja.»

«Zentrale – bitte Führerausweis kontrollieren!»

Nun wartet der Beamte die Antwort ab und mustert mich.

Auf die Frage nach dem Grund meiner Überwachung in Winterthur, schnauzt er mich an: «Gehen Sie doch wieder nach Zürich!»

Inzwischen hat die Zentrale meine Personalien offenbar überprüft. Er verabschiedet sich. Ich frage ihn nochmals nach seinem Namen. «Müller, Stadtpolizei», sagt er im Weggehen, und es hätte ebensogut ein Scherz sein können.

«Aber Herr Müller...», rufe ich ihm nach, «nun möchte ich doch noch wissen, weshalb Sie uns beobachtet haben».

«Ihr Wagen hätte ja gestohlen sein können – und Sie ein Autodieb.»

Während ich an den Autodieb denke, den die Polizei eine Stunde lang bei eingeschalteter Innenbeleuchtung und geöffneten Türen beobachtet, kommt Popopoi daher. Rasch wende ich mich ab, um keine weitere Personenkontrolle zu provozieren. Ich eile ihr entgegen. Da schlägt plötzlich ein harter Gegenstand an meine Stirn.

Ich taumle und stelle fest, dass ich kopfvoran gegen den Stahlträger des Fahrradunterstandes geprallt bin.

Am Ende dieses langen Tages in Winterthur frage ich mich immer mehr, was in dieser Stadt bloss vorgefallen war. Nun will ich es genauer wissen.

II

Lange Zeit habe ich Anfragen bei Anna Tanners Eltern hinausgezögert. Ich wollte soviel wie möglich über Umstände und Hintergründe von Annas Tod im Gefängnis erfahren, aber der Familie Tanner ging es schlecht. Anfänglich, nach der Razzia vom 20. November 84, war die Mutter an den Sitzungen der Betroffenen noch erschienen; auch sie war – wie die andern Angehörigen der Verschwundenen von Winterthur – tief besorgt über die Geheimhaltung der Justiz.

Die Eltern trafen sich, um das Leid zu teilen, um über ihre Sorgen zu reden und mit den Anwälten, zumeist aus dem Zürcher Anwaltskollektiv, das mögliche Vorgehen gemeinsam zu besprechen. Eine grosse Ungewissheit trieb sie dazu: über Verhaftung, Ort der Gefangennahme und Gesundheitszustand von über 20 Söhnen und Töchtern wussten die Eltern und Angehörigen nichts. Sie wussten jedenfalls nicht mehr, als die Behörden offiziell verlauten liessen. Und die Berichte in den Medien stützten sich auf die Auskünfte jener Behörden, die schon 1980 bei der Sulzer-Demo, am Anfang der Dinge, am Drücker waren: Auf Eugen Thomann, Mitglied der Freisinnig-Demokratischen Partei (FDP), diesmal als Einsatzleiter der Aktion Engpass; sein ausgeprägter Ehrgeiz brachte ihn inzwischen vom Geschäftsleiter der Winterthurer Bezirksanwaltschaft zum Chef der Verkehrspolizei und von dort zum stellvertretenden Kommandanten und Stabschef der Zürcher Kantonspolizei. Die Berichte stützten sich auch auf dessen früheren Untergebenen Peter Marti, Mitglied der Schweizerischen Volkspartei (SVP); trotz demselben Ehrgeiz immer noch Untersuchungsrichter der Bezirksanwaltschaft Winterthur (BAW), und auf den früher eher im Hintergrund gebliebenen heutigen BAW-Geschäftsleiter Ulrich Arbenz (FDP). Sie waren zusammen mit Bundesanwalt Rudolf Gerber (FDP) und Stellvertreter Jörg H. Rösler (SVP) die Verantwortlichen der umstrittenen Flächenrazzia – und verbreiteten vor allem Erfolgsmeldungen, nachdem Politiker ihrer eigenen Couleur auf lokaler Ebene im Zusammenhang mit den Anschlägen eine «Gefahr für die Bevölkerung» heraufbeschworen und lautstark zu «hartem Durchgreifen» aufgefordert hatten. – Man wollte endlich Erfolge sehen, und so hiess es dann in der Presse: Über 100 im Einsatz stehende Beamte hätten am frühen Morgen des 20. November 1984 im Verlaufe der Polizeiaktion Engpass 21 Jugendliche (es waren 24, später 30) aus drei Winterthurer Wohngemeinschaften verhaftet; Hausdurchsuchungen hätten wichtige Sachbeweise ergeben, die im Zusammenhang mit 26 Brandanschlägen, 6 Sprengstoffdelikten und Hunderten von Sachbeschädigungen der vergangenen

Jahre stehen. Der freisinnige Landbote titelte: «In Winterthur schnappte die Falle zu.» Engpass-Leiter Eugen Thomann sprach von einer «bestimmten Form von Terrorismus». Ulrich Arbenz behauptete, ein Teil der Verhafteten sei den «Autonomen Zellen» zuzuordnen.

Damit waren die Informationen von Eltern, Angehörigen, Freunden und Freundinnen der Inhaftierten erschöpft.

Die Ungewissheit wurde um so drückender, je mehr die Behörden besorgte Anfrager kurzangebunden abputzten und einfache Fragen nach konkreten Haftgründen nicht plausibel beantworten konnten. Im Bezirksgebäude hiess es anfänglich bloss allgemein und unverbindlich: «den Untersuchungszweck nicht gefährden...», «das Ermittlungsstadium noch zu wenig fortgeschritten...», «Verdacht auf Zugehörigkeit zu einer kriminellen Vereinigung...».

Auch Frau Tanner war im Ungewissen. Sie wusste nur, dass Anna hinter den Mauern des Winterthurer Bezirksgefängnisses in einer Sicherheitszelle eingesperrt war.

Nach und nach drangen dann Bruchstücke von Informationen zu den Eltern; sie weckten aber ein nur noch tieferes Misstrauen in die Justizbehörden: Mit martialischer Gewalt und ohne Federlesens – die Haftbefehle wurden in vielen Fällen nicht vorgelegt

– hob die Polizei drei Wohngemeinschaften aus; einige «Wintis» flüchteten und waren zur Fahndung ausgeschrieben. Dutzende von Passanten wurden allein aufgrund ihres Äusseren, das vielleicht nicht gerade dem Durchschnitt entsprach, kontrolliert, einzelne aufgrund von Verwechslungen in ein Gefängnis geschleppt. Der Bruder eines angeblich wegen «Sachbeschädigung» Gesuchten versuchte erfolglos zu erklären, er kenne die «Wintiszene» nicht. Erst als er mitten im ersten Verhör zum mutmasslichen corpus delicti, mitgeführte Nägel und Stahlmuttern, aussagte, er sei Dachdecker, wurden die Beamten allmählich stutzig und mussten ihn schliesslich laufen lassen.

Ein anderer, der ein Stockwerk über der ausgehobenen Wohngemeinschaft in Winterthur-Seen wohnte, beschwerte sich zwei Tage nach Engpass beim kantonalen Polizeikommando über die «Unverhältnismässigkeit der Polizeiaktion» und die «Frechheit, Unverschämtheit und Arroganz gewisser Beamter»: «Dienstag, 20.11.1984, ca. 06.30 Uhr, liege ich noch im Bett. Plötzlich wird die Wohnungstür aufgebrochen. Etwa fünf bis zehn Polizeibeamte stürmen die Wohnung. Zwei Beamte in Kampfanzug postieren sich vor meinem Bett und richten ihre Pistolen gegen mich mit der Aufforderung: ‹Hände in den Nacken und keine Bewegung!› Dann wird mir befohlen aufzustehen. Ein wahrscheinlich etwas höher gestellter Beamter eröffnet mir, dass ich nicht gesucht werde. Trotzdem darf ich nur unter Aufsicht auf die Toilette: Duschen unter Polizeiaufsicht! Wie gesagt, es wird nicht nach mir gefahndet. Ich verlange eine Erklärung über den ganzen Vorfall. Diese wird mir verweigert. Ca. eine halbe Stunde nach Beginn des Überfalls kommt der Einsatzleiter und meint lapidarisch: ‹Es ist gut, Sie können jetzt arbeiten gehen›.»

Der Mieter schickte dieses Schreiben als Leserbrief an die Zeitungen. Drei haben den Brief auszugsweise abgedruckt.

Die Eltern hörten in ihren Kreisen immer häufiger von derartigen Vorfällen, und bald war in der Industriestadt die Rede von den «Winterthurer Ereignissen». Die angeblich bedrohte Sicherheit sollte jedes polizeiliche Mittel heiligen.

Allein die Gesinnung der jungen «Wintiszene» schien den vom Rechtsbürgertum kontrollierten Behörden gefährlich: Das Erwachen aus dem in Winterthur seit Jahrzehnten besonders intensiv geträumten kleinbürgerlichen Traum vom Wohlbefinden in einer Gesellschaft der unbeschränkten Konsummöglichkeiten. Die heraufbeschworene Gefahr für die allgemeine Sicherheit lag vielmehr im Bewusstsein der «Wintis», die auf der Suche nach eigenen Werten waren. Sie stellten der etablierten Gesellschaft ihre eigene Kultur entgegen: eigene Musik, eigene Comics, eigene Wohnformen, eigene Vorstellungen über das Zusammenleben in Gruppen, eigene Druckschriften, eigene selbstverwaltete Wirtshauskultur, wo der Gast nicht König war und das Personal nicht Untertan.

Doch genau diese Kultur wurde seit der Jugendhausblüte 1980 auf allen möglichen Ebenen mit kleinbürgerlicher Akribie und hartem Anpacken eingeschränkt: Druckschriften beschlagnahmt, Konzerte mit Polizeigewalt aufgelöst, die Beiz mit Vorschriften schikaniert, die Wohngemeinschaften aufgrund vager Anschuldigungen durchsucht.

Auf der einen Seite spürten die Jungen, dass es im überschaubaren Winterthur besonders schwierig war, sich nicht anzupassen. Auf der andern Seite wuchs hieraus ein politisches Bewusstsein. Damit einher ging ihr Infragestellen der von zwei, drei Grossbetrieben dominierten Politik auf lokaler und exportwirtschaftlicher Ebene. Die Tatsache, dass der Winterthurer Wohlstand zu einem grossen Teil auf der Armut in der Dritten Welt beruhte, war der Szene nicht gleichgültig. Verschuldung war ihr kein Fremdwort. Sie protestierte gegen den Sulzerkonzern wegen seiner Argentinienexporte, sie bildete 1981 einen Menschenteppich vor dem Eingang zur Internationalen Winterthurer Waffenmesse «W 81», sie besetzte leerstehende Häuser und protestierte gegen Wohnungsnot und profitorientierte Spekulation. Sie wehrte sich gegen Unrecht – und wurde kriminalisiert. Die Winterthurer Justizbehörden, damals noch unter der Leitung von Eugen Thomann, liessen die rechtsextremistische Bürgerwehr ungestraft Schweinegülle auf den W 81-Menschenteppich spritzen, während Demonstranten und Demonstrantinnen immer wieder für längere Zeit in Untersuchungshaft gesetzt wurden.

Die Polizei observierte die «Wintiszene» immer häufiger, im Alternativrestaurant «Widder» hatten die Spitzel bald ihren Stammtisch, auf dem Heimweg regnete es Personenkontrollen; Verfolgungen unter irgendeinem Vorwand gehörten bald zum Alltag. Übereifrige Beamte schlugen Jugendliche und Angehörige von Randgruppen auf dem Polizeiposten zusammen, was Ende der siebziger/Anfang der achtziger Jahre auch eine unabhängige Untersuchung nicht zu stoppen vermochte. Angestrengt hatten sie die Sozialdemokraten mit einer Motion im Gemeinderat, nachdem der Journalist Kurt-Emil Merki die Übergriffe öffentlich gemacht hatte. Mehr als ein Zehntel des Polizeikorps musste in die Untersuchung einbezogen werden; doch bloss in zwei Fällen hatte sie Folgen. Anders beim Journalisten Merki; er verlor seine Winterthurer Redaktorenstelle.

Die «Wintis» nannten dies «Kleinterror», sie schlossen sich noch enger zusammen und machten ihrem Unbehagen nächtlicherweise mit der Spraydose Luft. Sie malten und spritzten ihren Protest fortan in Unterführungen, an Stützmauern und an die Fassaden öffentlicher Gebäude und Firmensitze. Der Konflikt eskalierte, und bald sah sich auch das angepasste Kleinbürgertum öffentlich in Frage gestellt: Wo immer die «Wintis» auftraten, ernteten sie unverständige misstrauische Blicke, ihre Kleidung rief Kopfschütteln hervor, ihre Musik empfand der Bürger als Störung der «Winterruh in Winterthur» (Sprayparole).

1984 kam es dann zu einer Art Frühlingserwachen mit einer Serie von politischen Anschlägen unter anderem auf Baracken, auf zwei Pinzgauer der Armee, auf das Technikum und auf das Wohnzimmerfenster von Alt-Bundesrat Rudolf Friedrich.

Auch die Ausländer haben es hier schwerer als anderswo. Die ausländerfeindliche Nationale Aktion ist hier eine der stärksten Parteien, die neuste Bundesinitiative für die Ausweisung möglichst vieler Fremdarbeiter und politischer Flüchtlinge aus der Schweiz hat ihre Wurzeln in Winterthur, als Vollstrecker abgewiesener Asylantengesuche, als «Rausschmeisser der Nation» (WochenZeitung) hat die Bundesregierung ebenfalls einen Winterthurer ausgesucht: Peter Arbenz, früher FDP-Stadtrat, ist heute der sogenannte «Delegierte für Flüchtlingsfragen» des Bundesrats.

In Winterthur ist das Boot rascher voll als andernorts; hartnäckig haben sich hier die Schimpfwörter einstiger Judenhetze gehalten. Besoffene rufen heute noch durch die vormitternächtlich verschlafenen Gassen: «Du verdammter Synagogenheizer!» – «Du elender Pharisäer!» – Auch ich bin hier einmal so angerülpst worden.

Die Spuren solcher Schimpfwortrelikte führen in die dunkle Vergangenheit dieser Stadt, die beispielsweise Niklaus Meienberg im «Gedenkblatt für die Familie Sulzer» dokumentiert hat. In den Dreissiger- und Vierzigerjahren ging es jedoch weniger um eine xenophobe Stimmung in der Bevölkerung – es gab im Volk auch starke Opposition dagegen –, als vielmehr um die Nazifreundlichkeit der Industriellenfamilie, deren Verdienste auf wirtschaftlichem Gebiet heute noch vorbehaltlos gewürdigt werden bis hin zur Bewunderung. In Staats- und Wirtschaftskunde der Schulen wird noch immer verschwiegen, dass Dr. Hans Sulzer noch 1943 (nach Stalingrad!) den Nazis den Sieg über die Alliierten wünschte und dass Dr. Oscar Sulzer dem schweizerischen Faschistenführer Ernst Hofmann aus Winterthur, Chef der Eidgenössischen Sozialen Arbeiterpartei (ESAP), mit namhaften Geldbeträgen und eigenen Artikeln für das Naziblatt «Schweizervolk» unter die Arme griff. Alt-Bundesrat Rudolf Friedrich, mütterlicherseits selbst Sulzernachkomme, nannte diese Enthüllungen in den 70er Jahren «primitiv» und «psychopathisch», «dumme Geschichtlein im Boulevardstil». Es entspricht offensichtlich Friedrichschem Bewusstsein, dass solche Tatsachen nicht wahr sein dürfen. Und wer sie dennoch nennt, wird mundtot gemacht. Geschehen mit dem Winterthurer Stadtanzeiger, der Meienbergs Enthüllungen am 27. Juli 1978 veröffentlichte und sich anschliessend ganzseitig dafür entschuldigen musste;

Friedrich und die Firma hatten Macht und Einfluss über den Inseratengiganten «Publicitas» spielen lassen (Sulzer entzog ihm vorübergehend das Werbebudget von zwei Millionen Franken).

Jahre später machte ein unter Friedrichs Amtsführung entstandener Bericht über «Einige Erkenntnisse und Gedanken zu Asylgesuchen in der Schweiz» Schlagzeilen. Es handelte sich um ein internes Papier der Bundesanwaltschaft, das die Nationale Aktion sozusagen als Werbebroschüre in eigener Sache in Grossauflage versandte. Der Tages-Anzeiger schrieb am 30. Mai 1985 dazu: «In der Bundesanwaltschaft gibt es offenbar Leute, die bezüglich rassistischer Tendenzen und polemischer Methoden Nationalrat Markus Ruf (Nationale Aktion, der Verf.), der die Schrift veröffentlicht hatte, nahestehen.»

1986 unterliess es Friedrich als Pro Juventute-Präsident – im Gegensatz zu einem früheren Bundesratskollegen, sich öffentlich für die an Nazimethoden erinnernde Verschleppungsaktionen des «Hilfswerks Kinder der Landstrasse» zu entschuldigen. An einer Pressekonferenz begründete er seine Haltung mit den Worten: «Eine Stiftung hat kein Bewusstsein.»

Im Vorfeld der Flächenrazzia vom 20. November 1984 war derselbe Friedrich (Pfadfindername: «Storch») am Drücker. Diesmal als Geschädigter und oberster Vorgesetzter der Strafverfolgungsbehörden in Personalunion. Jetzt schritten – ganz in *seinem* Bewusstsein – die ihm bis Oktober 1984 als Justizminister unterstellten oder über die freisinnige Partei mit ihm eng verbundenen Behörden zur Aktion Engpass: Bundesanwaltschaft und Bundespolizei, Bezirksanwaltschaft und Kantonspolizei. Zum Beispiel beim selbstverwalteten Alternativrestaurant «Widder» in der Winterthurer Altstadt, wo die Szene ein- und ausging.

Mehrere Tage umstellte eine Heerschar Uniformierter und ziviler Polizeibeamter das Hauptgebäude, das Nebengebäude und den Hinterhof, kontrollierte jeden Gast und das gesamte Personal, postierte sich im Korridor, im Keller, auf den Treppen und im Estrich und durchkämmte den ganzen Häuserkomplex. Im zweiten Stock brachen die Polizisten ohne Vorwarnung die Wohnungstüre ein und stürmten sämtliche Zimmer, WC und Bad einer völlig ahnungslosen Familie mit Kleinkindern. Ein Durchsuchungsbefehl lag bloss für einzelne Räume im obersten Stockwerk vor; er galt Popopoi, die – wenn nicht de jure, so doch de facto als Zeugin verhaftet werden sollte.

«Man stelle sich vor», so kommentierte ein Flugblatt dieses Winterthurer Ereignis: «Um neun Uhr morgens umstellte die Kantonspolizei mit 100 Beamten die Hulzer-Zentrale. Nach Angaben eines Polizeisprechers musste von der Schusswaffe kein Gebrauch gemacht werden, da der Werkschutz einsah, dass jeder Widerstand sinnlos war. Gegen die Manager lagen Haftbefehle vor. Erst bei den Verhaftungen selbst hätten sich Probleme ergeben. Sieben widerspenstige Manager mussten in Handschellen abgeführt werden. Die andern leisteten keinen Widerstand. Vom Konzernchef, gegen den kein Haftbefehl vorlag, wurden an Ort und Stelle Fingerabdrücke genommen. Hulzer steht unter dem Verdacht, durch die Lieferung von Atomanlagen den faschistischen Generälen Argentiniens die Möglichkeit zum Bau von Atomsprengsätzen eröffnet zu haben. Der Hulzer-Konzern wickelte in den letzten Jahren ein Halbmilliardengeschäft mit der Lieferung nuklearer Komponenten an Argentinien ab. Was von linken Kreisen schon lange behauptet wurde, hat sich nach dem Sturz der faschistischen Generäle bestätigt: sie bastelten am gesamten Kreislauf zum Bau von Atombomben. Hulzer und die 21 Manager sind jetzt der Komplizenschaft an diesem Verbrechen gegen die Menschheit angeschuldigt – sie lieferten das letzte Glied des Kreislaufs: Eine Schwerwasseranlage. Die 21 Personen werden bis auf weiteres wegen Kollusions- und Fluchtgefahr in Untersuchungshaft gehalten.»

Oder: Man stelle sich vor, meinte ein Teilnehmer an den Elternsitzungen, im Grandhotel Dolder in Zürich werde ein Delinquent wegen Grossbetrügereien gesucht, was schon vorgekommen sein dürfte, und die Polizei stürme die Suiten mit dem Hackbeil, postierte sich mit Maschinenpistolen im Entrée, auf

Terrassen, Treppen und Emporen und unterziehe sämtliche Gäste und das Personal einer näheren Personenkontrolle...

Hilflosigkeit und Ohnmacht breiteten sich aus. «Man hat mit Kanonen auf Spatzen geschossen», fand auch Frau Tanner, die ihre Tochter Anna gut zu kennen glaubte und die wusste, dass Anna nicht an Brand- oder Sprengstoffanschlägen beteiligt war. An den Sitzungen wirkte sie äusserst verzweifelt. Sie sorgte sich umso mehr, als Anna schon in ihrer Kindheit ein äusserst lebensfrohes und sensibles Mädchen war, das über wenig Reserven verfügte und, nun in Gefängnismauern eingeschlossen, verzweifeln musste. Am 12. Dezember 1984, fünf Tage vor Annas Tod im Gefängnis, warnten ihre Eltern in einem Brief an Bundesanwalt Jörg H. Rösler vor unabsehbaren Folgen von Isolationshaft und Einschränkungen bei Besuchen und Anwaltsrechten. Dies bedeute für ihre Tochter eine unzumutbare psychische Belastung, welche die Bundesanwaltschaft zu verantworten habe. Frau Tanner hatte zwei Kinder. Ihr Sohn war ein Jahr zuvor gestorben, und zu Hause hatte sie einen gesundheitlich geschwächten Ehemann mit düsteren Vorahnungen: «Du wirst sehen, wir werden auch noch unsere Anna verlieren», habe er ihr immer wieder gesagt.

Nachdem dies nach vier Wochen Untersuchungshaft tatsächlich eingetroffen war, blieb Frau Tanner den Elternsitzungen fern.

Um die leidgeprüfte Familie zu schonen, zögerte ich sehr lange, bis ich die Mutter anfangs Oktober 1985 – fast ein Jahr nach Annas Tod – das erste Mal anrief. – «Es hat doch alles keinen Sinn mehr», eröffnet sie mir sogleich. «Wie bitte? Die ganze Geschichte nochmals aufrollen? – Wir haben uns gesagt, mein Mann und ich, dass wir mit der Vergangenheit – mit einer solchen – abschliessen sollten. Schon nach der Razzia hat man mit den Demonstrationen gegen die Justiz doch alles nur noch verschlimmert. Bei den Behörden hat der Protest nur Verhärtung ausgelöst. Hören Sie, die öffentliche Kritik führte in Wirklichkeit bloss zu härteren Bedingungen im Gefängnis – und dann ist das mit unserer Tochter passiert.»

Die Mutter, so höre ich, schwankt aber immer noch in der Meinung, wem sie die Schuld für den Tod ihrer Tochter anlasten sollte: der Justiz, die Anna in der Gewalt hatte, oder den gegen die Haftbedingungen Protestierenden.

Zwei Tage vor Anna Tanners Tod im Gefängnis warnten Flugblätter, Transparente und Sprechchöre vor der «mörderischen Isolationshaft». Hunderte demonstrierten gegen das «generalisierende Vorgehen der Justiz», gegen die «Flächenverhaftungen» und die Verweigerung von Verteidigerkontakten.

«Aber auf der andern Seite hat die Justiz doch bestimmt nicht ganz grundlos verhaftet», sagt Frau Tanner am Telefon. An den Sitzungen und Demonstrationen sei die Freilassung aller Gefangenen gefordert worden, aber die könnten doch nicht einfach alle laufen lassen, wenn die Beweise, wie die Behörden betonten, auf dringenden Tatverdacht schliessen lassen. – «An diesem Protest stimmte doch etwas nicht», sagt die Mutter. «Aber Anna war das Liebste, was ich im Leben hatte, und nach dem Tod meines Sohnes habe ich sie beinahe vergöttert.» So sei sie nicht um die fragwürdige Einzelhaft zu kritisieren, sondern allein um ihrer Tochter willen an die Elternsitzungen gegangen: «Für Anna wollte ich das beste, was noch zu erreichen war.»

Doch die gemeinsamen Vorstösse, denen sich Frau Tanner teilweise doch angeschlossen hatte, schlugen allesamt fehl. Wie alle übrigen Verhafteten bekam auch Anna ihre Verteidigerin wochenlang nicht zu sehen, auch Anna durfte nicht besucht werden – ausser ein oder zweimal von ihrer Mutter. Die Untersuchungsorgane hatten die «Wintis» vollständig isoliert, Anna noch zusätzlich innerhalb des Gefängnisses. Sie sollte möglichst bald reden, weil sie die Freundin von Frank war, einem der beiden Hauptbeschuldigten.

«Ich weiss nicht, ob es richtig ist, wenn ich Sie treffe», sagt Frau Tanner zum Schluss. Dennoch vereinbaren wir am Telefon ein erstes Gespräch in einem Winterthurer Tea-Room. Es wäre ihr lieb, fügt sie bei, wenn Popopoi oder sonst jemand aus

Annas Freundeskreis, dabeisein könnte. Sie würde gerne einmal eine Freundin über ihre Tochter reden hören. Lange Zeit habe sie sich zurückgezogen: «Wir hatten einfach nicht mehr die Kraft, mein Mann und ich.»

Am 10. Oktober 1985 fahre ich wieder einmal an den Pünten und den Milchglasfensterfronten, hinter denen auch Frau Tanner arbeitet, vorbei nach Winterthur. Lehne ins Polster des Intercity und versuche, mich an möglichst viele Einzelheiten zu erinnern, die ich bisher über Annas Leben und Sterben in Untersuchungshaft erfahren habe. Ich will gut vorbereitet sein. Das heutige Treffen mit der Mutter ist vielleicht die bedeutendste meiner Annäherungen an die Winterthurer Ereignisse.

Vor wenigen Tagen war ich bei Annas Anwältin. Sie klagte, die Mandanten linker Anwälte seien von der Aussenwelt besonders krass isoliert worden. Die Behörden hätten das Haftregime je nach politischer Herkunft des Verteidigers gehandhabt: Bürgerliche Anwälte erreichten selbst bei schwer Angeschuldigten auffallend rasch unbeaufsichtigte Besuche, während engagiertere noch nicht einmal ein Aktenstück sahen.
Die Bezirksanwaltschaft Winterthur äusserte öffentlich die Befürchtung, die Verhafteten könnten über das Zürcher Anwaltskollektiv kolludieren, und mit dieser Begründung schränkte die Justiz die An-

waltsrechte ein. Entsprechendes Verhalten hätte jedoch die Standesregeln für Rechtsanwälte verletzt, und trotzdem forderten die Behörden keine Sanktionen. Was soviel bedeutete, wie wenn es ihnen gar nicht um die Einhaltung der Standesregeln gegangen wäre, sondern um die Verhinderung einer anwaltschaftlichen Kontrolle in den Verfahren. Die Folgen waren: Geheimverfahren, die es den Behörden ermöglichten, Anwälte einzuschränken, die beispielsweise auf das Aussageverweigerungsrecht aufmerksam machten. Dieses verbriefte Grundrecht jedes Gefangenen betrachtete die Winterthurer Bezirksanwaltschaft als «justizfeindliches Verhalten».

Die Feindseligkeiten gegenüber den Verteidigern erreichten nach Annas Tod im Gefängnis einen dramatischen Höhepunkt. Die Bezirksanwälte Arbenz und Marti behaupteten, Anna sei unter einem «enormen Gruppendruck» gestanden, «der teilweise auch von den Anwälten an sie herangetragen wurde»; quasi deswegen habe sich Anna umgebracht.

In Wirklichkeit verfügten nur die Strafverfolger über die Macht, Druck auszuüben – und sie spielten sie auch aus, wo sie konnten: bei den Besuchsbewilligungen, bei der Briefzensur und bei den Anwaltsrechten. Respekt schienen sie bloss vor dem Einfluss im eigenen politischen Lager gehabt zu haben, etwa vor demjenigen des Rechtsanwalts Dr. iur. Werner Stauffacher, selbst Freisinniger und zudem persönlicher Vertrauter der grauen Eminenz des Winterthurer Bürgertums, Dr. iur. Rudolf Friedrich.

Stauffacher kannte Friedrich schon lange, wie er mir in einem Gespräch erklärte. Er habe von Friedrich zahlreiche Wirtschaftsmandate übernommen, als er diese bei seiner Wahl ins Bundeshaus hätte aufgeben müssen. Stauffacher war bis Herbst 1983 Zentralsekretär der Stiftung Pro Juventute und hatte dort mit seinem umstrittenen Führungsstil für Schlagzeilen in der Presse gesorgt. Genauer: Die Affären um Stauffachers Personalpolitik füllten Zeitungsseiten, selbst im sonst zurückhaltenden Tages-Anzeiger und in der freisinnig dominierten Neuen Zürcher Zeitung. Im Herbst 1983 wurde Stauffacher nicht wiedergewählt, blieb aber weiterhin Delegierter der Pro Juventute-Stiftungskommission. In diesem Gremium traf er genau sechs Tage vor der Aktion Engpass, am 14. November 1984, wieder mit Friedrich zusammen, der zu diesem Zeitpunkt als Ex-Bundesrat zum Präsidenten der Pro Juventute gewählt wurde. Und so ergab es sich eines Tages, wenige Wochen nach der Winterthurer Razzia, dass sich Stauffacher und Friedrich zu einem Businesslunch trafen, bei dem es für einmal nicht nur um Wirtschaftsmandate oder um Pro Juventute-Angelegenheiten ging. Sie sprachen über die Winterthurer Verfahren – was an sich nichts Aussergewöhnliches gewesen wäre, wenn Stauffacher nicht soeben unter mysteriösen Umständen das Mandat eines jungen «Wintis», nennen wir ihn Tom, übernommen hätte. Worüber der geschädigte Ex-Justizminister und der frischbackene freisinnige «Wintiverteidiger» gesprochen haben, gab Stauffacher natürlich nicht preis. Es war jedoch bekannt, dass Tom durch eine Aussage von Anna im Zusammenhang mit dem Anschlag auf Friedrichs Wohnzimmerfenster zwar sehr vage, aber doch am schwersten von allen belastet worden war.

Als bevorzugter Verteidiger hatte Stauffacher dann am raschesten das Recht auf unbeaufsichtigte Besuche im Gefängnis. Mir gegenüber schrieb dies Stauffacher – ein sehr selbstbewusster Mann – seiner Fähigkeit als Anwalt zu. Als guter Verteidiger, betonte er, habe er mit den Behörden überhaupt keine Schwierigkeiten gehabt, und Tom sei zudem «sehr zuvorkommend» behandelt worden. «Zur Einvernahme in der Zürcher Polizeikaserne», erzählte mir Stauffacher, «musste Tom jeweils von Regensdorf nach Zürich transportiert werden. Auf diesen Fahrten ist es ihm regelmässig übel geworden. Als ich deswegen intervenierte, suchte die Polizei eigens für Tom ein Transportfahrzeug aus, das nicht rumpelte. Und später einmal klagte mir Tom, er habe im Gefängnis Milch bestellt, aber keine erhalten. Darauf wurde ich ranzig und sagte den Polizisten, das sei eine ganz grosse Sauerei: Zuerst müsse die Milch her, dann erst könne das Verhör beginnen. Da ging der zuständige Kantonspolizist über die Strasse und kaufte in der Nähe auf Kosten der Staatskasse eine

Milch für meinen Klienten ein. Dass dieser Polizist selber in einen Laden ging, um für einen Gefangenen etwas einzukaufen, fand ich gut. Aber, zugegeben, es verwunderte dann auch mich ein bisschen, als der Beamte nach seiner Rückkehr aus dem Milchladen die Strafanstalt Regensdorf anrief, um sich bei den Aufsehern zu beschweren, dass Tom seine Milch nicht rechtzeitig bekommen habe. Darauf haben sich die Regensdorfer sogar noch entschuldigt.»

Dies sei nur ein Beispiel von vielen gewesen, meinte Stauffacher. Und selbst in einer äusserst heiklen Situation, als sich Tom bei seinen Aussagen in Widersprüche verwickelte, habe der Kontakt zu den Behörden sehr erfreulich gespielt.

«Damals», erinnerte sich Stauffacher, «haute der Untersuchungsrichter Arbenz die Faust auf den Tisch und fluchte: ‹Gopferteli nonemal!› Aber da sagte ich ganz ruhig, ich wolle hier keine lauten Diskussionen. Aber Arbenz fluchte weiter: ‹Gopferteli nonemal, jetzt hat Tom das eine Mal so ausgesagt und das andere Mal wieder anders! Und nun sagt er wieder etwas Neues!› – Da griff ich als Anwalt ein und erklärte Arbenz nochmals, dass die Einvernahme auf diese Weise natürlich nicht weitergehen könne. Zunächst müsse man doch in aller Ruhe einmal herausfinden, weshalb Tom das eine Mal so und das andere Mal anders aussagt. Ich schlug vor, eine Einvernahmepause einzulegen. Darauf wurde Arbenz vernünftig und erlaubte uns sogar alleine an den hinteren Tisch zu sitzen. Dort konnte ich mit Tom ungestört reden, bis wir allmählich begriffen, dass die unterschiedlichen Aussagen lediglich auf einem Missverständnis beruhten. Danach kehrte ich vom hinteren Tisch zu Arbenz zurück und erklärte ihm, dass die Aussage A falsch verstanden worden war und sie deshalb anders sei, als man nach der Aussage B hätte erwarten müssen. Dies leuchtete dann auch dem Untersuchungsrichter ein.»

Der ausgebügelte Widerspruch und die Einvernahmepause von Anwalt und Klient am hinteren Tisch seien nicht im Protokoll erschienen. Stauffachers Verteidigung in Winterthur war zweifellos ein individuelles Herausmischeln von Tom. Er durchbrach die solidarische Front anderer Anwälte, die ihren Mandanten zur Verweigerung von Aussagen rieten, solange die Behörden Akteneinsicht und unbeaufsichtigte Besuche verweigerten. Stauffacher forderte Tom auf, Aussagen zu machen, und dafür erhielt er dann die Rechte, die den andern Verteidigern verwehrt blieben. Möglicherweise erwarteten die Behörden zudem vertrauliche Informationen aus den unbeaufsichtigten Gesprächen mit seinem Mandanten. Nach seiner Freilassung jedenfalls erklärte Tom seiner Freundin, er habe natürlich schon beim ersten Gespräch bemerkt, dass Stauffacher eher auf der andern Seite stand.

Stauffacher, Wirtschaftsanwalt und Vertrauter bekannter Finanzeliten, übernimmt nur selten Straffälle. Von einer anderen «rätselhaften» Ausnahme abgesehen: In den siebziger Jahren vertrat er Andreas Kühnis, einen Spitzel des rechtsextremen freisinnigen Subversivenjägers Ernst Cincera, nachdem das skandalöse Privatarchiv Cinceras aufgeflogen war. Auch damals ging es darum, in einer dem Bürgertum unangenehmen Angelegenheit die Kastanien aus dem Feuer zu holen.

Die meisten andern Verteidiger, vor allem diejenigen, die an die Öffentlichkeit gegangen waren, machten ganz andere Erfahrungen in Winterthur. Annas Anwältin etwa musste zweieinhalb Wochen warten, bis sie ihre Mandantin erstmals besuchen durfte; und dies nur unter Aufsicht. Die kantonale Strafprozessordnung erlaubt zwar in der Regel, dass ein Verteidiger nach zwei Wochen Anrecht auf einen unbeaufsichtigten Besuch hat. Aber bei den «Wintiverfahren» wendete die Bezirksanwaltschaft, legitimiert durch die Anklagekammer des kantonalen Obergerichts, Ausnahmebestimmungen an, um diese Frist zu verlängern. Zum einen wurde dies mit der behaupteten «Anwältekollusion» begründet. Zum andern verdächtigte man Anna ganz einfach der Teilnahme an Sprengstoffanschlägen, womit ihr Verfahren automatisch in die Zuständigkeit der Bundesanwaltschaft fiel, die aufgrund ihrer Sonderstellung und der viel rigideren Bundesstrafprozessordnung einen Verteidiger praktisch beliebig lang ausschliessen kann.

Der Verdacht auf Sprengstoffdelikte entbehrte bei Anna aber jeder Grundlage: Weder war sie jemals in der fraglichen Zeit durch entsprechend verdächtiges Verhalten aufgefallen, noch lag sonst ein Hinweis gegen sie vor.

Der Verdacht auf Sprengstoff war pures Konstrukt, das, wie die meisten Anstrengungen der Untersuchungsbehörden, den gleichen Zweck verfolgte: Isolationshaft und Zermürbung – insbesondere bei Anna.

Wie übrigens auch andere Freundinnen von Beschuldigten war Anna faktisch Zeugin im bundesanwaltschaftlichen Geheimverfahren.

Die Bundesanwaltschaft operierte im Hintergrund: Von den ersten Einvernahmen, die Kommissär V. durchführte, existieren entgegen den Vorschriften keine Protokolle; und als die Verteidigerin Anna nach knapp drei Wochen erstmals besuchen konnte, sass kein Bundesbeamter, sondern nur Kantonpolizist B. neben den beiden Frauen. Als Aufsichtsperson.

Es war der 6. Dezember 1984. Was an jenem Samichlaustag der ungerufene «Protokollführer» aus dem Gespräch zwischen Anna und der Anwältin heraushörte, entsprach wohl kaum den Erwartungen und Hoffnungen der Strafverfolger. Anna empörte sich nämlich über jene beiden Beamten, die ihr immer wieder den Inhalt eines *anonymen Briefs* vorhielten – es war jener Brief, den sie gut eine Woche vor der Razzia erhalten und bei ihrer Verhaftung noch auf sich getragen hatte.

Der Brief diffamierte ihren Freund mit rüden Worten und sollte bei Anna Eifersucht und Rachegefühle wecken. Sie war während Jahren Franks Lebensgefährtin, sie liebte ihn, den Hauptangeschuldigten und Vorverurteilten. Nachdem sie den Brief erhalten hatte, trug sie ihn tagelang mit sich herum und werweisste mit den anderen «Wintis», wer wohl der üble Verfasser sein könnte. Das dreckige Schreiben säte Misstrauen und Verunsicherung. Schon vor ihrer Verhaftung bereitete es Anna grossen Kummer. Und jetzt in ihrer verzweifelten Lage, zu Unrecht angeschuldigt wegen Sprengstoffdelikten, war sie allein damit. Im Gefängnis konnte und durfte sie mit niemandem darüber reden, und nun gingen auch die Untersuchungsbehörden auf die gleiche Tour vor, um sie gegen ihren Freund aufzuhetzen.

Nach wochenlanger Isolation konnte sie jetzt ihr Herz der Verteidigerin ausschütten: Zwei Beamte hätten sie gegen Frank aufgewiegelt; sie sei doch der «letzte Dreck» für ihn, sie solle – sinngemäss – so ein Schwein doch nicht länger mit Aussageverweigerungen decken. Dass er sie schlecht behandle und sie mit andern Frauen betrüge, sei bekannt und gehe ja auch aus dem sichergestellten anonymen Schreiben hervor.

Annas Klagen über diese Druckversuche beanspruchten beinahe die ganze auf 45 Minuten beschränkte Dauer des ersten Anwaltsbesuchs. Danach wandte sich die Verteidigerin konsterniert an Kantonspolizist B., den Aufsichtsbeamten: «Haben Sie gehört, mit welchen Mitteln ihre Kollegen meine Mandantin terrorisieren? Haben Sie das auch mitgeschrieben?»

Die Bundesanwaltschaft als zuständige Untersuchungsbehörde musste nach der Abhörung von Kantonspolizist B. tatsächlich frustriert gewesen sein: statt neue Spuren und Hinweise bloss Beschwerden.

Dabei war die Beweislage mager. Die vorliegenden Ermittlungsergebnisse deuteten bestenfalls auf einen Täterkreis im Umfeld der «Wintis» hin, aber reichten bei weitem nicht aus, um die Verhafteten einzeln rechtskräftig zu überführen. Es mussten also Aussagen und Geständnisse her. Um jeden Preis – insbesondere im heiklen Prestigefall Friedrich. Aber gerade dort klemmte die Freundin des Hauptbeschuldigten, der seinerseits jede Kooperation mit den Strafverfolgern unterliess. – Was blieb da anderes übrig, als Anna weichzukochen?

Um die Tatsache, dass der anonyme Brief in unprotokollierten Verhören ins Feld geführt worden war, nicht allein auf das Erinnerungsvermögen der Anwältin und auf ihre Besuchsnotizen abzustützen, will ich mich um Einsicht in das Gesprächsprotokoll von Kantonspolizist B. bemühen.

Aus diesem Grund bin ich wieder einmal unterwegs nach Sulzer-City. In der Tasche eine Vollmacht von Annas Anwältin. – Wird sie ein Beweisstück für die Seelenfolter ihrer Mandantin liefern? Sie soll jedenfalls gesamte Akteneinsicht verschaffen – nur noch zu unterzeichnen von Frau Tanner, die ich heute nachmittag mit Popopoi in einem Winterthurer Café treffen werde. Auf die Auskünfte der Mutter bin ich gespannt, um so mehr als die behördlichen Stellungnahmen zu den «Wintiverfahren» wenig überzeugten und die Verlautbarungen zu Annas Tod im Gefängnis geradezu grotesk waren.

«Suizid im Zusammenhang mit Friedrich-Anschlag» titelte der Tages-Anzeiger am 19. Dezember 1984. – Wie hat dies die Familie Tanner empfunden? War sie informiert über die von der Bezirksanwaltschaft Winterthur sozusagen in eigener Sache durchgeführten Untersuchungen der Todesursache?

Bevor ich Frau Tanner anrief, hatte ich mich bei Bezirksanwalt Peter Marti danach erkundigt; er erklärte: «Eine solche Untersuchung muss bei jedem aussergewöhnlichen Todesfall eingeleitet werden, um abzuklären, ob ein strafrechtlich relevantes Drittverschulden vorliegt – ob das nun Suizide sind, oder irgendein Drogentoter ist, oder weiss nicht was...»

In «Annas Fall» sei die Untersuchung nach gründlicher Arbeit sistiert worden. Die Behörden hätten nicht nur eine allfällige Fremdeinwirkung im Zusammenhang mit dem «Selbstmord» überprüft, sondern auch die psychische Drucksituation, in der sich Anna während ihrer Untersuchungshaft befunden habe. Da sei nichts, aber auch gar nichts hängengeblieben, hatte mir Marti vor Monaten in seinem Büro erklärt.

Und an den beiden Bundespolizisten St. und K., die Anna am letzten Tag ihres Lebens *sieben* Stunden lang verhört hatten? Auch denen hatte die Bezirksanwaltschaft Winterthur keine Regelverletzungen nachweisen können.

Weshalb denn das Protokoll des letzten Verhörs, das unter normalen Umständen einen Umfang von 30 Seiten ergeben hätte, bei Anna bloss *fünf* Seiten umfasst habe? – Jetzt ereiferte sich Marti: «Haben Sie sich eigentlich auch schon einmal Gedanken gemacht über den psychischen Druck, der von *aussen* an Anna herangetragen worden ist – von den Anwälten, von Gleichgesinnten, von der Presse – ja gerade auch vom Tages-Anzeiger!»

Marti wusste, dass ich für diese Zeitung Gerichtsberichte schrieb, und so sass ich nun vor seinem riesigen Schreibtisch wie auf der Anklagebank.

«Dieser Druck war enorm», beschwörte er mich, «und im Zuammmenhang mit Annas Tod ausserordentlich wichtig». Er wisse, wovon er rede, sagte Marti vielsagend. Anna habe er «relativ gut gekannt» – von früheren Strafuntersuchungen her.

Bezirksanwalt Marti hatte meines Wissens jedoch nur einmal mit Anna zu tun gehabt, in einer Hundegeschichte: Im Juli 1984, vier Monate vor der Razzia, war die Stadtpolizei vom Obertor 17 zu einem ersten Grosseinsatz an die Waldeggstrasse in Winterthur-Seen ausgerückt. Er galt dem alten Bauernhaus, wo Anna mit Frank und vier weiteren «Wintis» in einer Wohngemeinschaft gewohnt hatte. An jenem Sommerabend waren die Bewohner abwesend. Um halb elf kam Rosa als erste nach Hause und sah vor dem Haus zwei Streifenwagen. Nach monatelangem «Kleinterror» mit Verfolgungen auf der Strasse, aufblitzenden Scheinwerfern an den Fenstern und zertrampelten Gartenbeeten vor dem Haus, schien diesmal die Lage ernst. Rosa kehrte sogleich um und benachrichtige ihre Mitbewohner, um gemeinsam nach Hause zurückzukehren.

Eine halbe Stunde später trafen die «Wintis» ein. Die Polizeistreifen waren verschwunden. Aber die Haustür stand sperrangelweit offen. Aufgebrochen. Von ihren Hunden, die sie in der Wohnung zurückgelassen hatten, fehlte jede Spur. Erste Anrufe bei der Stadtpolizei brachten keine Klärung, doch nach und nach stellte sich heraus, dass die Hunde wegen «Nachtruhestörung» verhaftet worden waren. Die Häftlinge befänden sich bereits wohlbehalten in einem Tierheim. Die Nachbarschaft habe reklamiert.

Nachbarn berichteten jedoch von einem ruhigen mondhellen Abend, an dem zwar hin und wieder ein Hund gekläfft habe, jedoch nicht allein im Haus der Wohngemeinschaft. Dies bewog die «Wintis», noch am gleichen Abend beim Obertor 17 telefonisch die sofortige Freilassung der Hunde zu fordern. Doch jetzt beriefen sich die Beamten auf irgendwelche Tierschutzvorschriften. Nach weiteren Anrufen erklärten sie sich schliesslich bereit, die Hunde gegen Vorweisen der Impfzeugnisse am nächsten Morgen herauszurücken.

Die Hunde waren jedoch vorschriftsgemäss geimpft. Deshalb drohten die «Wintis», ihre Musikanlage auf volle Lautstärke zu drehen, um öffentlich gegen den «Hundeklau» und das Aufbrechen der Türe zu protestieren. Und als diese Warnung erfolglos blieb, taten sie es.

Erneut fuhren Streifenwagen vor. Auf dem Vorplatz verlangten bald vier Polizisten augenblickliche Ruhe, während beim Hauseingang die Bewohner mit musikalischer Untermalung die Freilassung der Hunde forderten: «Ohne Hunde – keine Ruhe!»

Franks Vater kam als Vermieter des Hauses herbeigeilt und versuchte zu schlichten. Er rief den Sohn zu sich, aber Frank kam nicht weit. Ein Beamter riss ihn unterwegs zu Boden. Frank schrie. Einige Bewohner eilten ihm sofort zu Hilfe. Es kam zu einem Handgemenge. Aber Frank war bereits im Würgegriff. Er rang nach Atem, und als er mit dem Arm verzweifelt auf den Boden schlug, bekam es Anna plötzlich mit der Angst zu tun. Sie rief: «Lasst ihn doch endlich los, er ist ja schon ganz blau im Gesicht!» Sie versuchte Frank die Brille abzunehmen, wurde aber von einem anderen Beamten zurückgerissen. Frank wurde in Handschellen gelegt und abtransportiert. Zum Obertor 17.

Ob er dort Ähnliches erleben würde wie 1981, nach der Besetzung des Hauses an der Marktgasse 13? Damals protestierte Frank gegen den gleichen Stadtpolizisten, der Etienne im Visier hatte, weil er ihn stundenlang in eine enge Abstandszelle sperrte. Der Stadtpolizist entgegnete, solange er stets rülpse, wenn er einem Polizisten auf der Strasse begegne, solle er gefälligst das Maul halten. Als Frank daraufhin sagte, er rülpse, wenn es ihm passe, schlug ihn der Stadtpolizist zusammen.

In der Hundenacht musste die Wohngemeinschaft kapitulieren, aber der Vorfall und die Sorge um Frank gaben noch lange zu reden.

Polizeipräsenz an der Waldeggstrasse war längst nichts Ungewöhnliches mehr, Observationen gehörten zum Alltag. Seit dem Eidgenössischen Turnfest im Juni 1984, als zwei Kurzschlüsse der SBB-Fahrleitung die Heimreise der Turnerinnen blockierten, fuhren die Streifenwagen jeden Tag mindestens einmal vor. Hielten vor dem Haus; Beamte blickten, so gut es ging, in die Stube – um nach einer Weile im Schrittempo zum Kehrplatz am Ende der Strasse weiterzufahren, dort zu wenden und ebenso langsam erneut vorbeizufahren – wieder mit ausgedehntem Zwischenhalt vor dem Stubenfenster.

Die ganze Nacht über bewachte eine Polizeimannschaft das Haus. Im Morgengrauen um fünf fuhren dann vier Streifenwagen, zwei Gefangenentransporter und ein Krankenauto vor. Unter Anweisungen von Bezirksanwalt Peter Marti stürmten über 20 Grenadiere der Kantons- und der Stadtpolizei mit Kampfausrüstung die Wohngemeinschaft und nahmen sämtliche Bewohner fest. Marti eröffnete ihnen die Untersuchungshaft.

An jenem Hundemorgen hatte Marti Anna kennengelernt. Er setzte sie mit der Begründung eines dringenden Verdachts auf strafbares Verhalten gegenüber Beamten eine Woche lang in Einzelhaft. Ebenso die anderen «Wintis»: Totalisolation wegen Kollusionsgefahr. Am sechsten Tag der Untersuchungshaft erklärte sich Marti endlich bereit, Franks Vater als Entlastungszeugen anzuhören. Anna warf er konkret vor, sie habe geholfen, eine Amtshandlung, nämlich die Verhaftung ihres Freundes, zu behindern.

Wenn Marti Anna «relativ gut gekannt» haben wollte, so bezog sich dies auf die Einvernahme im Hundeverfahren. Aus jenen Erkenntnissen leitete er mir gegenüber ein Jahr später die psychologischen Hintergründe ihres Todes im Dezember 1984 ab. Er habe Annas Umfeld und ihre Schwierigkeiten damals auf Anhieb erkannt: Sie sei heimatlos gewesen. Geborgenheit habe Anna leider nur in der Wohngemeinschaft an der Waldeggstrasse gefunden. Von dort aus sei später dann auch der Druck gekommen, nichts auszusagen. Und dann sei Anna aus diesen «Bindungen» ausgeschert, indem sie später zu den Anschlägen Aussagen gemacht habe. «Dort lag die Problematik», sagte Marti.

Mit Annas Aussagen war es – abgesehen von den zweifelhaften Umständen, unter denen sie entstanden sind – allerdings nicht weit her. Zwar versuchten die Winterthurer Untersuchungsbehörden, in der Öffentlichkeit den Anschein zu erwecken, die Aufklärung der Anschläge sei durch Annas Aussagen um ein wesentliches Stück vorwärts gekommen. Aber in Wirklichkeit hatte sie in der letzten siebenstündigen Einvernahme zum «Friedrichanschlag» nur sehr Vages zu Protokoll gegeben: Ihr Mitbewohner George habe in der Küche einmal einen «Bekennerbrief angefertigt», der dann nie aufgefunden wurde, und «ein inneres Gefühl» sage ihr, dass «eventuell» auch Tom, Stauffachers Mandant, «mitbeteiligt sein könnte». Doch wisse sie es «nicht genau» und «möchte nichts Falsches sagen».

Es waren Vermutungen, kaum brauchbares Beweismaterial. Dennoch argumentierte Marti, Anna sei durch ihr Geständnis in eine «Zerrissenheit» hineingeraten. Der Gruppendruck (inklusive Tages-Anzeiger) auf der einen und das Geständnis auf der anderen Seite hätten zu einer «Schizophrenie» geführt, an der die junge Frau schliesslich «gescheitert» sei. Anna habe sich «quasi selber innerlich abgesetzt». Martis Worte für die Ursache des Todes einer Gefangenen, die sich in der Gewalt der Behörden befand: Gruppendruck, Geständnis, Zerrissenheit, Schizophrenie (eine Geisteskrankheit).

Blieb die Frage, auf welche Weise der angebliche Gruppendruck Annas vierwöchige Isolation im Winterthurer Bezirksgefängnis hätte durchdringen können. Eine Absprache mit anderen «Wintis» durch die Zellenwände war unmöglich. – Und über die Beschuldigten Anwälte? Bei Anna hätte sich die erste Möglichkeit beim Besuch ihrer Verteidigerin in der dritten Woche der Untersuchungshaft geboten. Doch dieser Besuch war überwacht, und ausserdem war dabei von ganz anderem die Rede: vom anonymen Brief.

In Wirklichkeit lastete kein Gruppendruck von «aussen» auf Anna, sondern ein massiver Psychoterror von innen. Alle Verteidigergespräche waren kontrolliert und von Aufsichtspersonen der Kantonspolizei überwacht. Unkontrollierbar waren einzig die Untersuchungsmethoden im Geheimverfahren Bundesanwaltschaft, die offensichtlich auf das hinzielten, was Bezirksanwalt Marti als eigenen Entschluss von Anna interpretierte: Sich «innerlich» von der Szene «absetzen». Vor allem von Frank. – Hatten die Beamten mit derselben Absicht Anna erzählt, Frank sei am 20. November 1984 aus dem Bett einer andern Frau in der Wohngemeinschaft an der Neuwiesenstrasse verhaftet worden? Ist sie im Glauben, ihr Freund habe sie sitzen lassen, in den Tod gegangen?

Ein solches Gerücht hatten Kreise mit offensichtlich vertieften Verfahrenskenntnissen kurz nach der Razzia bei Angehörigen von Mitangeschuldigten kolportiert. Später stellte sich heraus, dass der Urheber jemand von der Bezirksanwaltschaft Winterthur war. Auch Frau Tanner hörte davon, jedoch erst viel später in einem anderen Zusammenhang.

Dass Frank an der Waldeggstrasse in Winterthur-Seen einem Mitbewohner die Haare schnitt, als am 20. November eine Hundertschaft der Polizei – wiederum im Beisein von Marti – die Wohngemeinschaft stürmte, konnte Anna nicht wissen, denn sie war am Vorabend der Razzia in Zürich verhaftet worden.

Aber Annas Verteidigerin wusste es. Sie ahnte, insbesondere nach ihrem ersten beaufsichtigten Besuch, dass die Behörden sie aus dem Verfahren ausschliessen wollten, um ihre Mandantin mit unlauteren Mitteln in die Zange zu nehmen. Umso intensiver bemühte sie sich um Akteneinsicht und Besuche, blitzte aber ein ums andere Mal ab. Jeden zweiten Tag telefonierte sie nach Bern. Bundesanwalt Jörg H. Rösler hatte ihr mitgeteilt, dass für Annas Verfahren ein Kommissär V. zuständig sei. Als Kommissär V. auf einmal durch einen Herrn Sch. ersetzt wurde, fiel ihr dies nicht einmal auf. – Warum sollte es auch? V.s Verschwinden aus Winterthur blieb streng geheim, und ausserdem: ob nun V. oder Sch. war einerlei. Die Verteidigung war ohnehin eine Farce und diente der Justiz als Alibi, um der Öffentlichkeit weiszumachen, die Verfahren würden «rechtmässig abgewickelt» und jede und jeder Verhaftete sei durch einen Anwalt vertreten.

Annas Verteidigerin durchschaute das Spiel, aber sie gab nicht auf. Sie pochte in Bern weiterhin auf die ihr zustehenden Rechte. Vor allem wollte sie raschmöglichst einen unbeaufsichtigten Besuch.

Nach einem Monat Untersuchungshaft hatte sie endlich Erfolg. Sch. versprach ihr einen ersten Kontakt ohne Aufsicht – für Dienstag, den 18. Dezember 1984, morgens um acht.

An all diese Ereignisse, auf die ich bisher im Lauf meiner Recherchen gestossen bin, erinnere ich mich bruchstückhaft im Intercity nach Winterthur – ständig auch in Gedanken an das bevorstehende Treffen mit Frau Tanner, der ich entsprechende Fragen stellen möchte. Noch bleibt mir bis Winterthur ein wenig Zeit, um in meinem ruhigen Abteil dicht am Ohr abzuspulen, was mir Annas Anwältin zu diesem ersten unbeaufsichtigten Besuch im Gefängnis ins Diktaphon gesprochen hatte.

«An jenem Dienstag war ich guter Laune. Endlich konnte ich mich auf ein offenes Gespräch mit meiner Mandantin freuen. Schon vor acht stand ich im Winterthurer Bezirksgebäude. Ich fragte nach Anna und erwartete Herrn Sch. von der Bundespolizei. Mit ihm hatte ich den Besuch vereinbart. Stattdessen erschien Untersuchungsrichter Arbenz. ‹Eine erfreuliche Überraschung›, dachte ich, ‹hat wohl zu bedeuten, dass für Anna nicht mehr der Bund, sondern der Kanton zuständig ist›. Dieser Zuständigkeitswechsel hätte ein Hinweis sein können, dass der ohnehin nie begründete, zweckgerichtete Verdacht auf Sprengstoffdelikte endlich fallengelassen worden war. So begrüsste ich den Bezirksanwalt erfreut, ihn an Stelle der Bundesanwaltschaft anzutreffen. Doch Arbenz blieb stumm. Ihm ging es offensichtlich schlecht; er war entsetzlich bleich. ‹Der hat wohl eine lange Nacht hinter sich›, dachte ich. Missgelaunt forderte er mich auf, ihm in sein Büro zu folgen. Es klang wie ein Befehl. Ich erschrak. Dann weigerte ich mich. Nach so langer Wartezeit wünschte ich nicht ihn, sondern endlich Anna zu sehen. Wir stritten uns. Schliesslich musste ich nachgeben.

Im Büro war sein Schreibtisch sauber aufgeräumt. Spiegelblank. Restlos. Keine Spur von Papieren. Ich dachte schon: ‹Aha, die Akten sind weg – Anna ist bereits in Freiheit.› Neben dem Schreibtisch sass eine Polizeiassistentin. Ich scherzte über die fehlenden Aktenberge: ‹Da ist ja schon alles aufgeräumt, offenbar liegt – wie erwartet – nichts gegen meine Mandantin vor.› Doch der Bezirksanwalt und die Polizistin schwiegen. Arbenz setzte sich, noch bleicher als zuvor. Ich solle mich ebenfalls setzen, befahl er.

Nun wurde es mir allmählich zu bunt. ‹Ich will jetzt endlich Anna sehen und die kostbare Besuchszeit nicht in Ihrem Büro vertrödeln›, sagte ich. Der

Besuch sei auf acht Uhr vereinbart, und falls sie beide vorgängig noch etwas zu sagen hätten, sollten sie dies jetzt endlich tun. – Es schien, als hätten sie mich gar nicht gehört. Mit steinernen Minen forderten sie mich erneut auf, Platz zu nehmen. Aber ich blieb einfach stehen. Da sagte die Polizeiassistentin plötzlich: ‹Wir müssen Ihnen mitteilen, dass sich Anna Tanner stranguliert hat.› Ich begriff nichts – schaute sie nur verwundert an. ‹Stranguliert, stranguliert…›, dachte ich, ‹ein merkwürdiges Wort›. Ich muss ziemlich verdutzt ausgesehen haben, denn die Polizeiassistentin wiederholte genau denselben Satz. ‹Stranguliert…› – dann verstand ich ganz langsam, warum mich Arbenz ins Büro zitiert hatte, und warum ich mich dort hätte setzen sollen. Eine Weile schaute ich aus dem Fenster. Ich brachte keine Wort heraus. Ich war nicht imstande, auch nur eine einzige Frage über die Hintergründe zu stellen – über das Wie und Weshalb. Meine Kehle war wie zugeschnürt. Nach all unseren öffentlichen Warnungen vor der Isolationsfolter im Gefängnis, vor den Einschränkungen der Kontakte, nach all den eindringlichen Appellen an die Vernunft der Untersuchungsbehörden! Ich sagte nur: ‹Jetzt händer de Dräck!›

Ich war ausser mir, hörte Arbenz wie von weiter. Er schimpfte. Es war ein eigentlicher Ausbruch. Meine Worte hatten ihn ins Innerste getroffen. Aber ich hatte keine Energie mehr, mich zu wehren. Nun war also das Schlimmste eingetroffen, was wir, die Anwälte, die Betroffenen, die Freunde und Freundinnen, die Eltern, die Besorgten, befürchtet hatten. Und vor mir sass nun die Person, die dafür mitverantwortlich war. Wir schauten uns an. In diesem Augenblick war mir ganz klar: Annas Tod war die Folge der Untersuchungshaft. Arbenz wird ihn in der Öffentlichkeit wohl mit selbstbewusstem Auftreten zu rechtfertigen versuchen. Aber jetzt, wie er in seinem Büro vor mir stand, wirkte er aschfahl und unglaubwürdig. Er war fassungslos.

Ich weiss nicht mehr, wie ich an jenem Morgen das Bezirksgebäude verliess. Ich kam erst wieder zu mir, als ich mit hundertfünfzig Stundenkilometern auf der Autobahn zurück nach Zürich raste. Immer wieder kamen mir all die Proteste nach der Razzia in den Sinn: Die zahllosen Eingaben auf juristischer Ebene, die fast alle abgewiesen wurden, die Proteste der Betroffenen, der Eltern, welche in den Medien untergegangen sind. Ich dachte an die Worte der Mutter, die mich vor dem Besuch noch gefragt hatte: ‹Entspricht dies der Verhältnismässigkeit? Jetzt sitzt unser Kind schon drei Wochen in U-Haft! Wer trägt die Folgen› – ‹Jetzt›, sagte ich mir, ‹ist es nur noch eine Frage der Zeit, bis sie herauskommt, dass die Justiz Anna... hat›.»

Ich drücke auf die Stoptaste. Der Intercity ist angekommen. Nochmals einige Stunden bis wir in Popopois heruntergekommener Staatskarrosse zu Frau Tanner fahren werden. In eigenen Jugenderinnerungen an diese Arbeiterstadt verlasse ich den Hauptbahnhof ohne bestimmtes Ziel durch den Hinterausgang und flaniere dem Warenhaus entlang, wo ich als Lehrling über Mittag jeweils neben anderen Pendlern aus dem Thurgau Fleischkäse mit Pommes Frites für Zweifrankenzwanzig verdrückt hatte. Vorbei an den Geleisen, die ich mit siebzehn einmal um ein Haar als eisernes Kopfkissen für den letzten Ausweg aus dem Abhängigkeitsverhältnis mit meinem ständig angesäuselten Lehrmeister benutzt hätte. Ihm hatte ich im Laufe zweier Lehrjahre wohl gegen eine halbe Tonne Feldschlösschen angeschleppt. Das war vor zwanzig Jahren. Ich kam mir damals ausgenützt vor. Hatte einen minimalen Stiftenlohn, für den ich wie ein ausgelernter Angestellter, am Reissbrett verblödend, Betondecken für Hunderte von Einfamilienhäusern ab der Stange zeichnete. Zwischendurch einmal eine Abwechslung: Pläne für Luftschutzräume von Schulhausbauten. Aufträge, die sich der Partner meines dusseligen Chefs als Gemeinderat verschafft hatte.

Winterthur war schon zu meiner Zeit ernüchternd. Bloss wehrte ich mich damals mit völlig untauglichen Mitteln nach innen statt nach aussen: Ein Ekzem an beiden Händen erlaubte mir bald nurmehr, mit gazeverpackten Fingern für die Znünipause der Angestellten zu posten. Herr S., Technikumsabsolvent mit Sportwagen (MG) vor dem Haus, stellte mich ab und zu bloss: Ich solle doch zum Psychiater, der kriege mich schon wieder hin.

Nur B. V., mit dem ich im gleichen Büro arbeitete und der tolerierte, dass ich immer häufiger mit einem Buch auf der Toilette verschwand, begriff mich einigermassen. Ihm ging es nur deshalb ein bisschen besser, weil er nach Feierabend in seinen Alfa Romeo steigen konnte: Bis er dann zu Hause am Rychenberg bei geöffneten Wagenfenstern, geschlossenem Garagentor und gezogenem Choke den Motor in die Ewigkeit hinein laufen liess.

Plötzlich stehe ich unweit vom Hauptbahnhof vor der Kirche St. Peter und Paul. Sie liegt da, satt, ruhig und sanft – das Mittelschiff jedoch rundherum leicht angekränkelt von einem bunten Farbausschlag, der mich für eine Sekunde an mein Lehrlingsekzem erinnert.

Einige der 32 in die Winterthurer Strafverfahren verwickelten Jugendlichen, hatten in der Nacht vom 9. auf den 10. Juli 1984 ihren Protest gegen das frischrestaurierte Prunkstück nach aussen getragen. Die Kirche symbolisierte für sie den Zustand der Gesellschaft: aussen fix und innen nix.
 Wenige Tage nach der offiziellen Einweihung mit Ehrengästen und Behördenvertretern, hatte die fünfmillionenschwere Auffrischung auf die «Wintis» wohl wie eine behördlich sanktionierte Übertünchung sozialer und politischer Missstände gewirkt.

Ihre Mittäterschaft bei der Farbaktion hatte Anna ein halbes Jahr später im letzten Polizeiverhör als einzige Straftat zugegeben: Zwei von einem Dutzend Joghurtgläser voll Farbe hatte sie geworfen. Die Kleckse erscheinen auf dem klotzigen Bau wie winzige Tupfer; erst jetzt, beim Anblick, realisiere ich, wie stark Bezirksanwalt Arbenz übertrieben hatte, als er nach Annas Tod von einer «massiven Sachbeschädigung» sprach, um ihre Untersuchungshaft zu rechtfertigen. Kommissär K. und Inspektor St. rapportierten am 17. Dezember 1984 Annas Aussage zum Tatmotiv: «Ich kenne es nicht. Bei mir spielte jedenfalls nicht Hass oder dergleichen mit. Vielleicht, weil die Kirche zu schön ausgesehen hat».

Sie sieht immer noch schön aus, die Kirche. Vielleicht noch schöner als zuvor: Jedenfalls hat sich die katholische Kirchenpflege bis heute nicht zur Reinigung entschliessen können, und (auf einen bischöflichen Wink aus Chur) zog sie auch noch die Strafanzeige wegen Sachbeschädigung zurück. Womit der einzige und letzte Grund für Annas Inhaftierung in sich zusammenfiel.

Ich drehe der Kirche den Rücken zu und schlendere weiter nach Winterthur-Veltheim. – Wie viele Male hatte Anna in den Einvernahmen wohl auf ihr Recht auf Aussageverweigerung beharrt und sich beschwert, sie «finde es eine Frechheit», dass sie über ihre Rechte «nicht informiert» werde und ihre Anwältin nicht sprechen könne? Allein in den insgesamt acht protokollierten Verhören hatte Anna 60 Mal erklärt: «Ich habe nichts zu sagen.»

Und was waren dies für «mündliche Vorbesprechungen», «längere mündliche Unterredungen», «Vorgespräche», «mündliche Vorbesprechungen» im letzten siebenstündigen Verhör, die zwar erwähnt, aber nicht protokolliert sind? Was geschah während des «langen Schweigens»?

Das alles kann ich mir nur aufgrund von Erfahrungen zusammenreimen, die andere «Wintis» mit den gleichen Polizisten gemacht hatten.

Der siebzehnjährige Etienne schilderte mir sein Verhör mit den Bundesbeamten:

«Ich war seit über einer Woche im Zürcher Polizeigefängnis in Untersuchungshaft. Es gab in meiner Zelle nichts – keinen Bleistift, kein Papier, und meine Comics und Bücher befanden sich im Wissenschaftlichen Labor. Ich wurde von Zelle zu Zelle versetzt: von kalten, schmutziggrauen in weiss getünchte, glanzpolierte, steril-moderne. Der Anwalt, angeblich seit Tagen unerreichbar. Und mit Spazieren war auch nichts: 24 auf 24 Stunden drin.

Dann schreiten plötzlich drei Polizisten zum Verhör: St. und Sch. vom Bund und Kantonspolizist B. Einleitend halten sie mir einige Geständnisse unter die Nase. Sie beschuldigen mich, an der bunten Veränderung der frischrenovierten Kirche St. Peter und Paul beteiligt gewesen zu sein. Ich verweigere die

Aussage, und da ich schweige, holen die beiden Herren aus Bern zu einem zweistündigen Vortrag aus: Schweigen nütze nichts. Vernünftig werden. Mannhaft zur Sache stehen. Nicht den Helden spielen. Einen Strich darunter ziehen. Mir deswegen kein Haar gekrümmt werde. Das Gericht in solchen Fällen einetwegen verurteilen könne. Ich schweige. Die Stimmen heben an. Nun höre ich, dass mein Freundeskreis geradezu teuflisch sei und nur aus Dieben, Drogensüchtigen und Kriminellen bestehe – aus gefährlichen Personen, die mich schlecht beeinflusst, mich in den Terrorismus hineingezogen hätten. Die hätten nur meine aufrechten Gefühle ausgenutzt, meine Eigeninitiative missbraucht, mich in eine falsche Welt versetzt. Meine Freunde versauten mir die Lust am Arbeiten, an einer Lehre. Sie zerstreuten meine Gedanken an Familie und Zukunft, höre ich – und ob ich überhaupt gewusst hätte, dass dieselben sogar ein Abhörgerät für Polizeifunk besassen. Die Bombenanschläge hätten Menschenleben in Gefahr bringen können, und falls ich wisse, wo das Sprengstofflager versteckt sei, solle ich es ihnen besser gleich sagen, bevor noch mehr Unheil über die Schweiz hereinbreche. Ob ich denn kein schlechtes Gewissen habe? Sie hätten bei mir zu Hause eine benützte Steinschleuder sichergestellt. – Wie ich gelebt hätte, ohne zu arbeiten? Ob ich während meiner Ferien in Spanien Kontakte zu gleichgesinnten Gruppen unterhalten habe? Und so weiter.

Die beiden Bundespolizisten steigern sich in immer härtere Vorwürfe hinein. Abwechselnd. Inspektor St. übernimmt die Rolle des Aggressiven, ist ernst und geradezu böse. Sch. ein bisschen älter, etwas beleibt, hat rote Bäcklein, ist der Gute, der Väterliche. Protokollführer B. von der Kapo ist freundlich und sagt fast nichts. Während St. und Sch. einen Redeschwall über mich ergiessen, erwarten sie keine Antwort. Sie zeigen mir Fotos von Freunden, von Sachbeschädigungen und schimpfen über den Stumpfsinn des Verbrechens. Sie werfen mir vor, ich verweigere die Aussage nur, um später von diesem Lumpenpack wieder akzeptiert zu werden. Sie reden von Gruppendruck; ich würde mich aber nur selber kaputt machen damit. Ob ich denn lieber gottverlassen, von Freunden verraten, im Gefängnis den Helden spielen wolle! Hier drin habe es noch keiner lange ausgehalten. Früher oder später sei da noch jeder zur Vernunft gekommen. Und dann alles nochmal von vorn: die Kindheit, mein Liebesleben, meine druckausübenden Freunde. Inspektor St. brüllt. Er tobt und schlägt wiederholt die Faust auf den Tisch: Aschenbecher, Bleistifte und Büromaterial geraten in Bewegung. Kaum hat sich St. ausgekotzt, unternimmt Sch. einen neuen Anlauf. Sie hätten meinen Fall genaustens unter die Lupe genommen. Wüssten viel. Mein Schweigen zögere die Sache nur hinaus. Darauf wieder St., der sich inzwischen erholt hat: Er sei schon lange Polizist, und er habe es bisher jedem gesagt: Es dauere manchmal lange – Wochen und Monate..., aber dann...

So vergingen zwei volle Verhörstunden. Schliesslich surrt Kantonspolizist B. einen Protokollbogen in die Schreibmaschine, nickt den Bundespolizisten zu und fordert sie zur ersten abgemachten Frage auf. Ich habe richtig gehört: abgemacht. Ich erhebe mich vom Stuhl und beharre auf meinem Recht zu schweigen. Zuerst wolle ich meinen Verteidiger sehen. Die drei starren mich an, befehlen, mich sofort zu setzen: ‹Hier bestimmen wir den Tagesablauf, nicht du!› Trotz wiederholtem ‹Setz-dich-du-frecher-Bengel› bleibe ich stehen. ‹Hören Sie›, brülle ich zurück, ‹seit zwei Stunden werde ich verhört, und auf dem Protokoll steht noch nicht mal eine einzige Frage! Sie haben es offensichtlich darauf abgesehen, meinen Anwalt so lange wie möglich fernzuhalten. Ich mache das nicht mehr mit!› Jetzt dreht Inspektor St. vollends durch: Sie seien heute eigens von Bern hierher gefahren, um mit mir zu reden, mich zur Vernunft zu bringen... – und etwas solle ich mir merken: ‹Wir gehen niemals nach Bern zurück, ohne weitergekommen zu sein.› St.s Halsschlagader schwillt an. Seine Stimme überschlägt sich. Er brüllt jetzt mit hochrotem Kopf so lange auf mich ein, bis schliesslich der bisher eher stille Kantonspolizist B. dazwischenfährt. Sch. beginnt, seinen Kollegen zu beruhigen, warnt mich aber davor, Herrn St. noch einmal zu reizen. Sonst könnte ich mich auf etwas gefasst machen. Dann öffnet er wortlos die Bürotür und sagt: ‹Los, verschwinde, geh in deine Zelle zurück!›»

Etienne ist hundemüde, fühlt sich ausgelaugt und deprimiert. In der Zelle wirft er sich auf die Pritsche und schlägt die Beine übereinander. Schliesst die Augen. Nach einer Weile öffnet jemand die Klappe in der Zellentür. Doch Etienne ist niedergeschlagen. Reagiert nicht mehr. Er hat ein Gefühl der Leere, glaubt sich vollständig ausgeliefert. Als wär's von weit her, hört er den Zuruf: ‹Das aufgewärmte Nachtessen fassen!› Aber Etienne ist am Ende. Er schreit: «Ich scheiss' auf euer Essen, mach das Loch zu!» Der Appetit ist ihm vergangen. «Geht es Ihnen nicht gut? Treten sie in den Hungerstreik?» fragt der Mann durch die Klappe. – «Ja meinetwegen. Hungerstreik... Hau ab!» Die Klappe klappt zu.

Nach wenigen Minuten stürmen zwei junge Polizeigrenadiere in die Zelle: «Bett machen und sofort mitkommen!» Sie packen Etienne an den Schultern und schleppen ihn durch einen unterirdischen Gang in die alte Kaserne ennet der Strasse und stecken ihn in eine Videozelle. Dort hört er für die Dauer von 14 Tagen eine Kamera hinter Panzerglas surren. Tag und Nacht brennt Licht. Ab und zu aus dem Lautsprecher eine monotone Männerstimme: «Zigarette auslöschen! Rauchen auf dem Bett ist nicht erlaubt!» Mit jedem neuen Tag in der Videozelle summt die Kamera lauter. Schliesslich beginnt sie zu ticken.

Nach einer Woche darf der Siebzehnjährige erstmals spazieren. Mit eng anliegenden Handschellen. In Begleitung von vier Polizisten. Im stacheldrahtverhauenen Gefängnishof. Es ist kalt. Die Hände laufen blau an. Nach einer Viertelstunde bringen sie ihn zurück in die Zelle. Auf der Pritsche liegt ein geöffnetes Couvert. Mit klammen Fingern zieht Etienne einen Brief heraus: das erste Lebenszeichen von draussen. Aufgeregt, hastig verschlingt er Zeile um Zeile. Dann bleibt er lange Zeit regungslos sitzen. Schliesslich lässt er sich langsam auf die Pritsche sinken und presst das Gesicht ins Kissen. Bleibt so den ganzen Tag und schliesst in der Nacht kein Auge. Das Ticken der Kamera steigert sich in ein Hämmern: Das erste Lebenszeichen von draussen war die Nachricht von Annas Tod.

Kürzlich schickte mir Etienne, der nach zwei Monaten freigelassen wurde, ein Gedicht aus dem Exil:

Krieg
dachte ich mir,
kalter echter Krieg,
mit Gefangenen und Toten,
es ging ums nackte Überleben.

Dieses Gedicht und einen Brief von Etienne trage ich immer noch mit mir herum. An der Felsenhofstrasse werde ich Grüsse aus dem Ausland ausrichten. Die «Wintis» werden über seinen Bericht wenig erstaunt sein. Sie haben ja ähnliches erlebt. Aber wie weit soll ich Frau Tanner über solche Hafterlebnisse informieren? Soll ich ihr bei unserm Treffen erklären, dass ihre Tochter ein siebenstündiges Verhör mit Methoden über sich ergehen lassen musste, die bei Etienne schon nach zwei Stunden derartige Eindrücke hinterlassen hatten. Soll ich ihr sagen, was ich denke: dass die Beamten aus Bern am 17. Dezember 1984 eigens wegen Anna nach Winterthur gereist waren und nicht zurückgekehrt sind, ohne weitergekommen zu sein?

Es ist ein warmer Herbstmittag. Schwach scheint die Sonne ins Fenster einer Veltheimer Bäckerei. Mohrenköpfe glänzen in spiegelblanker Vitrine. – Hatte es letzten Sommer nicht einmal gebrannt in einer solchen Bäckerei? War da nicht ein Quartiergerücht, die Leute von der Wohngemeinschaft an der Felsenhofstrasse hätten das Feuer gelegt? – Das war kurz bevor das Winterthurer Stimmvolk über ein Referendum der Progressiven Organisationen (POCH) zur Erhaltung der städtischen Felsenhofliegenschaft abstimmen musste. Das Gerücht konnte den Abstimmungsausgang dann freilich nicht beeinflussen, sodass es in der Arbeiterstadt im September 1985 gar zum ersten parlamentarischen Sieg der POCH über die Bürgerlichen kam.

Nach dem zweiten Blick in die Vitrine kann ich den Mohrenköpfen nicht mehr widerstehen. Und weil der Laden gerade leer ist, frage ich die Besitzerin, ob es hier einmal gebrannt habe.

Es hatte: Unbekannte schütteten am Freitagabend, 20. Juli 1984, um 22.30 Uhr am hinteren Teil des Gebäudes, wo sich der Angestellten- und Lieferanteneingang befindet, eine «leicht entflammbare Flüssigkeit» oder «Brandbeschleuniger», wie es im Polizeijargon heisst, auf die Treppe und legten Feuer. Als die Flammen bedrohlich in die oberen Stockwerke züngelten, war zufällig gerade Stadtrat Nägeli (SVP) auf dem Heimweg, der ihn an der Bäckerei vorbeiführte. Er alarmierte – so die Ladeninhaberin – die Pflichtfeuerwehr. Diese musste zwei jugoslawische Eheleute und ihre beiden Kleinkinder über eine ausgefahrene Drehleiter ins Freie evakuieren. Brandschaden: 200000 Franken. Die Bäckerei war zerstört, das Gebäude teilweise ausgebrannt und vollständig verrusst. Es musste von oben bis unten renoviert werden. – Verwundert habe sie, erklärt die Besitzerin, dass über diesen Brandfall im Landboten nur eine kleine Notiz erschien. Die Polizei habe die Öffentlichkeit damals bewusst zurückhaltend informiert. Die Beamten hätten ihr gesagt, dass in den Nächten jenes Wochenendes eine ganze Reihe von Brandanschlägen verübt worden sei; deswegen hätten die Behörden keine Panikstimmung verbreiten wollen.

Merkwürdig sei allerdings gewesen, dass trotz verriegelter Haustür keine Einbruchspur zu erkennen war. Die Täterschaft habe offensichtlich – wie bei der am gleichen Wochenende niedergebrannten Schreinerei – vorher rekognosziert. Denn beide Brandanschläge, der auf ihre Bäckerei und jener auf die Schreinerei, hätten sich bei Ferienabwesenheit der Besitzer ereignet.

Bald stehe ich mit einem halben Dutzend Mohrenköpfen in der Hofeinfahrt. Vor mir der Lieferanteneingang und das Treppenhaus. Beim Anblick packt mich das Entsetzen: Wenn irgendwo in dieser, wie die Behörden klagten, bedrohten Arbeiterstadt je von einer Gefährdung von Menschenleben die Rede sein konnte, dann hier! – Die Treppe, Decken und Trennwände aus Holz – und unter dem Dachgebälk Bewohner.

Warum, frage ich mich, war ausgerechnet dieser Brand nirgends erwähnt worden? Ausser in einer 15-zeiligen versteckten Meldung unter der Landbote-Lokalrubrik «Schwarze Chronik»? Derweil andere Brandanschläge mit weit geringerem Sachschaden und ohne Rettungsaktion fette Schlagzeilen machten: Etwa der Schwarzpulveranschlag auf Friedrichs Wohnzimmerfenster. Oder der Anschlag aufs Technikum, wo laut Behörden auf die Allee geschleuderte Glassplitter Menschenleben in Gefahr brachten. Bei Friedrich hatte es nicht gebrannt, und er musste auch nicht aus dem Fenster klettern – im Gegensatz zur Jugoslawenfamilie unter dem Dach der Bäckerei, die beinahe in den Flammen umgekommen wäre. Warum wurde an jenem Wochenende der weit weniger gefährliche Schreinereibrand gesamtschweizerisch in den Medien breitgewalzt?

Die Notiz über den Brand in der Bäckerei war ein

Gemeinschaftswerk von Kantonspolizei und Landboten; sie erschien unter dem ominösen Kürzel kp/ldb. Kp/ldb schrieben, der Brandausbruch sei von einem Hausbewohner entdeckt worden. Die Ladenfrau hörte hingegen, dass SVP-Nägeli die Feuerwehr alarmiert habe. Aus Gründen des Persönlichkeitsschutzes hätten kp/ldb den stadträtlichen Brandmelder ja auch als Passanten bezeichnen können. Aber warum als Hausbewohner, wo die Familie doch schon zu Bett gegangen war und die Flammen erst entdeckte, als die Sirenen heulten, wie mir die Bäckersfrau erzählte? Ausserdem besassen die Hausbewohner gar kein Telefon.

Weshalb wurde diese Brandstiftung den «Wintis» trotz entsprechenden Gerüchten nie ernsthaft vorgehalten? Im Gegenteil: Die Bäckerei erhielt schon sehr bald die Nachricht, ihr Fall sei sistiert worden; und die Bundespolizisten hatten Etienne bloss in einem Nebensatz einmal gefragt, ob er damit etwas zu tun habe – ohne eine Antwort zu erwarten. Etienne hatte den Eindruck, als wüsste die Polizei nur zugut, dass da ein anderer Täterkreis agiert haben musste. – Einer von rechts?

Beinahe kurios ist, dass der Linkenfresser, FDP-Nationalrat Ernst Cincera (hat nachweisbare Beziehungen zum Rechtextremismus) später in einem Vortrag im Kirchgemeindehaus Veltheim erklärte: «Es waren in Winterthur zwei Gruppen an den Anschlägen beteiligt, mindestens zwei Gruppen und es gibt vermutlich noch andere Gruppen, die dabei waren.» Von verschiedenen Täterkreisen wusste auch die Polizei; Cincera war als Referent über die Winterthurer Anschläge vom Stellvertretenden Kommandanten der Kantonspolizei, Eugen Thomann, persönlich eingeladen worden – in seiner nebenamtlichen Funktion als FDP-Kreisparteipräsident von Winterthur-Veltheim. – Warum schwiegen sich die Behörden über die weiteren Täterkreise aus? Weshalb lasteten sie die Brandanschläge in der Öffentlichkeit pauschal der «Wintiszene» an?

An jener FDP-Veranstaltung im Februar 1986 im Kirchgemeindehaus – es liegt in der Nähe der Felsenhofstrasse – wurden Cincera und Thomann mit Farbeiern (aqua tinta) beworfen, während Knallfrösche knatterten. Cincera hatte kurz zuvor SVP-Nägeli als alten Freund in den Reihen der verehrten Gäste begrüsst. Er kenne Nägeli schon seit 18 Jahren und habe mit ihm 1968 – ebenfalls in Winterthur – eine auf ähnliche Art gestörte Veranstaltung bestritten.

Cincera kamen die Farbeier gelegen: «Nun habt ihr gleich einmal selbst erlebt, auf welche Weise diese Leute ihrer Sprachlosigkeit Ausdruck geben.» Inzwischen hatte sich Thomann einen Lappen beschafft und putzte Cinceras verschmutzte Klarsichtfolien, um sie sorgsam auf den Hellraumprojektor zurückzulegen. – Waren es seine eigenen?

Unklar blieb in den anschliessenden von Thomann inszenierten und von Cincera vorgetragenen Ausführungen der Zusammenhang zwischen den

Winterthurer Anschlägen und den weltweiten revolutionären Bestrebungen Gorbatschows, Hitlers und Kohmeinis. Weder die Projektion von Namen und Adressen angeschuldigter «Wintis» auf die Leinwand der Veltheimer Sonntagsschule, noch die darauffolgende Diskussion unter der Leitung von FDP-Kantonsrat Hans Bremi brachten Klärung. Fest stand einzig, dass Saubermann Bremi, der mit Feuereifer für den «Rechtsstaat» plädierte, wegen Steuerhinterziehung und Urkundenfälschung in Schwierigkeiten geraten war. Im Sommer 1986 schied er deswegen aus dem Kantonsrat aus.

Cincera quasi als Sprecher der Kantonspolizei im Kirchgemeindehaus, die aufgerundete Anzahl der Anschläge, die Sistierung von mehr als der Hälfte der 32 Verfahren, das Nichtvorhalten von Delikten, die der «Wintiszene» unterschoben wurden, die polizeiliche Ermunterung von Privatleuten zur Einreichung von Strafanzeigen (ist auch die Kirchgemeinde St. Peter und Paul animiert worden, um Anna...?) – all dies scheint den Kritikern der grössten je im Kanton durchgeführten Verhaftungsaktion recht zu geben: Engpass war auch eine lokalpolitische Strafaktion.

Auf der Winterthurer Politbühne spielte sich im Vorfeld der Flächenverhaftung der Rechtsfreisinn unter anderem mit Gemeinderat Hansjakob Heitz als Scharfmacher auf. Heitz machte sich mit seinem Gerede von einer verunsicherten Bevölkerung einen

Namen und bekämpfte im Gemeinderat gleichzeitig den liberal-freisinnigen Stadtpolizeivorstand und Stadtpräsidenten Urs Widmer.

Heitz erklärte mir auf Anfrage: «Wir wussten schon lange vor dem 20. November 1984, schon seit 1983, welcher Täterkreis für die vielen Anschläge und Sachbeschädigungen in Frage kam. Die Stadtpolizei hätte viel früher und gezielter verhaften sollen. Doch deren Vorstand, Widmer, hat versagt.» Einzig allzu langes Hinauszögern und Schwäche habe schliesslich zur Aktion Engpass geführt. Insofern treffe der Vorwurf der «Flächenverhaftung» durchaus zu. Er habe es Widmer übrigens nie verziehen, dass er als Stadtpräsident vor vier Jahren vom Kulturamt zum Polizeiamt hinüber wechselte. Er, Heitz, hätte viel lieber den früheren Mittelschullehrer und am rechten Flügel angesiedelten Parteikollegen Martin Haas in der Polizeiführung gesehen: «Haas hat eine starke Hand, Widmer dagegen ist führungsschwach.»

Mit der Engpassaktion nahmen die FDP-Ultras um Heitz und Thomann dem Stadtpräsidenten zweifellos das Heft aus der Hand. Indiz dafür ist, dass Widmer erst kurz vor der Flächenrazzia über deren Durchführung im Bilde war, wie er auf eine Anfrage im Parlament erklärte. Zur späten Orientierung Widmers passte ein kurz nach dem 20. November in der Presse widerlegtes Gerücht, der Vorstand der Stadtpolizei habe nur gezögert, weil eines seiner

Kinder zur «Wintiszene» gehöre und in die Anschläge verwickelt sei. Die Quittung erhielt der Stadtpräsident dann bei den nächsten Wahlen im Frühjahr 1986. Nach vier unumstrittenen Amtsperioden schaffte er es nicht mehr im ersten Wahlgang. Wahlironie war, dass die Sozialdemokraten, welche gegen die Engpassaktion protestiert hatten, im zweiten Wahlgang sozusagen als Retter des angeschlagenen Polizeivorstands auftraten, indem sie ihm keinen eigenen Kandidaten gegenüberstellten. Offiziell liessen sie verlauten: Widmer sei ihnen als Stadtpräsident und Polizeivorstand «genehm». Es kam dann ein bisschen anders. Widmer wurde zwar gewählt, aber ein Ämtertausch in der Exekutive machte aus ihm wieder einen Kulturvorstand; die Stadtpolizei führt bald Martin Haas.

Ganz für mich allein geniesse ich an diesem Oktobertag 1985 im Pärklein schräg gegenüber des Veltheimer Kirchgemeindehauses einen der sechs Mohrenköpfe.

Beim letzten Bissen Feingebäcks fällt mir ein: Es wäre ja durchaus denkbar, dass ein ganz gewöhnlicher Mensch in einer bestimmten Situation ohne weiteres auch gegen eine Bäckerei Hass entwickeln könnte.

Als 20jähriger jobte ich erneut in Winterthur in einer Firma für Tankreinigungen & -Revisionen. Ich war damals ziemlich abgebrannt und musste die rückständige Miete eines möblierten Zimmers begleichen – in einer Bäckerei. Sie lag an der St. Georgenstrasse. Eines Abends, nach einem langen Winterthurer Arbeitstag, in dessen Verlauf ich mit einer Plastikschaufel die letzten Reste Benzin aus einem Hunderttausendlitertank in einen Eimer schöpfte, der dann eins ums andere Mals durchs Mannloch hochgezogen wurde, während ich ohne Gasmaske das hochexplosive Benzin-Luft-Gemisch einatmete und aus Angst vor einem Fünklein trotz Verdunstungskälte aus allen Poren schwitzte – da verlor ich mein Zimmer. Die Bäckersfrau sagte, sie halte den penetranten Geruch meiner Arbeitskleider nicht mehr aus. Mein Job hatte mich auf die Strasse gesetzt.

Hätte ich an jenem Abend meine Angst vom Tage, wie viele meiner damaligen Arbeitskollegen, mit viel Bier (das ich glücklicherweise nicht mochte) hinuntergespült und für den Rauswurf aus dem Zimmer noch einige Schnäpse hintendrein, und hätte dies einen frühkindlichen Jähzorn freigelegt (der mir entgegenkommenderweise ebenso fehlte), so hätte möglicherweise auch ich eine Benzin- oder Petrolflasche gegen mein gekündigtes Mietobjekt geschmissen und im Suff vielleicht gar nicht an die Hausbewohner gedacht: Als ganz gewöhnlicher Brandstifter an einem ganz gewöhnlichen Haus, und zufällig wäre es dann eine Bäckerei gewesen.

Solche Täter sind im Zeitraum der Winterthurer Anschläge mehrfach überführt worden: Zum Beispiel eine 22jährige Hausangestellte, die aus einem psychischen Frust heraus insgesamt 13 Mal Feuer gelegt und einen Schaden von einer halben Million Franken angerichtet hatte; sie erhielt dafür ein Jahr Gefängnis bedingt. Im gleichen Zeitraum führte die Brandstiftung eines jungen Mannes gar zum Tod eines 27jährigen SBB-Angestellten. Es gab mehrere Brandstiftungen von Einbrechern, um Spuren zu verwischen. In Winterthur-Thalheim zündeten Unbekannte die Scheune eines Bauerngehöfts an. Und so weiter. Nur ab Frühjahr 1984 gab es in Winterthur praktisch keine Brand*stiftungen* mehr, sondern nur noch Brand*anschläge,* die der «Wintiszene» zugeschrieben wurden.

Dieses Bild vermittelte vor allem der Landbote, das freisinnige Monopolblatt Winterthurs, zu welchem Eugen Thomann über seine Ehefrau Irene als Tochter des früheren Chefredaktors Dr. Arthur Baur gute Beziehungen hatte und noch haben dürfte. Der heutige Chefredaktor ist Rudolf Gerber, Präsident des Schweizerischen freisinnigen Presseverbands. Die öffentliche Meinung beeinflussen auch die wirtschaftsfreundlichen Gratisblätter Winterthurer Woche und Stadtanzeiger sowie das ebenso bürgerliche, werbefinanzierte Lokalradio Eulach; die kritische Meinung der sozialdemokratischen Winterthurer AZ ging in diesem Eintopf unter. Und der Zürcher

Tages-Anzeiger behandelte das Thema sozusagen kontradiktorisch.

In einem Interview mit Bezirksanwalt Ulrich Arbenz, acht Tage vor Annas Tod, wagte ein (inzwischen ausgeschiedener) Reporter des Tages-Anzeigers erstmals öffentlich die Frage nach der Unschuld zu stellen: Ob nicht auch Leute ohne dringenden Tatverdacht in Untersuchungshaft seien? Arbenz darauf: «Wir haben es hier... mit Kollektivdelikt ist der falsche Ausdruck... mit vielen Beteiligten zu tun. Es ist schwierig, den Tatverdacht (...) den einzelnen Verdächtigen zuzuschreiben.» – Dies bedeute doch, dass Unschuldige inhaftiert seien. – Arbenz: «Solche, die die andern durch Schweigen decken und sich selbst auch nicht belasten, obwohl sie nicht unbedingt in einem wesentlichen Mass tätig gewesen sind: das gilt vor allem für die Bundesverfahren.»

Obschon diese Prosa nichts anderes hiess, als dass es in den «Wintiverfahren» auch (ungesetzliche) Geständnishaft gab, wunderte sich die «unabhängige» Presse nicht sonderlich. Auch nicht, als Anna Tanner exakt der Konsequenz von Arbenz' Antwort zum Opfer fiel.

Nach jenem Interview mit Arbenz sparte der Tages-Anzeiger mit kritischen Eigenleistungen. Mehr noch: Reporter Emil Hildebrand wusch die durch Annas Tod schwer befleckten Untersuchungsbehörden am 3. Januar 1985 wieder blütenweiss. Er schrieb in einem von Chefredaktor Peter Studer persönlich redigierten Leitartikel unter dem Titel «Anklagebehörden auf der Anklagebank»: «Gewiss ist der Tod der jungen Frau tragisch, und gewiss ist wochenlange Einzelhaft beinahe unerträglich. Aber wie hätten denn Polizei, Bundesbehörden und Bezirksanwaltschaft handeln sollen? (...) Die Haft wäre verkürzt worden, wenn (...) die Festgenommenen ihre Taten rasch eingestanden hätten.»

Dieses Meisterwerk von Dr. iur. Studer/Hildebrand war nicht nur im Zusammenhang mit der Tragik des Ereignisses pietätlos, sondern auch aus drei juristischen Gründen fatal: Erstens setzte es «Taten» voraus, über die in einer Redaktionsstube bloss spekuliert werden konnte. Zweitens sanktionierte es die folgenschwere Geständnishaft, und drittens sprach es den Gefangenen das Recht auf Aussageverweigerung ab.

Immerhin wurde dieser Artikel im nachhinein redaktionsintern kritisiert. Die Kritik hatte aber im Gegensatz zu weniger behördenfreundlichen und in der Sache korrekteren Artikeln früherer Tage – wenn überhaupt – nur positive Folgen für die Verfaser. Hildebrand wurde ein Jahr darauf zum Ressortdienstchef der Reporter befördert, und Studer musste ab Herbst 1985 die Chefredaktion nicht mehr mit drei Mitgliedern, sondern nur noch mit einem teilen.

Die «Winterthur-Politik» des Tages-Anzeigers – beruht sie auf Studers Arbenz-Connection? Nein, würde er sagen – traf auch die eher behördenkritische Korrespondentin Kathrin Bänziger. Während ihrer Schwangerschaft im Jahr 1985 hatte sie gekündigt, wollte aber nach wie vor sporadisch Berichte aus der Industriestadt schreiben. Daraufhin eröffnete ihr die Chefredaktion (pm.) informell eine Art Schreibverbot. Inzwischen war sie bereits durch eine blasse Volontärin ersetzt worden, die ihrer Aufgabe nicht gewachsen war. Als sich Bänziger anerbot, da und dort in die offensichtlichen Lücken zu springen, war es mit ihrer Berichterstattung einstweilen vorbei. Auf der Redaktion hiess es, man wisse zwar um die Schwächen der neuen Korrespondentin, wolle dieser aber eine Chance geben, was ihre, Bänzigers, Mitarbeit erübrige. Damit war die «vierte Gewalt», wie sich die «unabhängige» Presse gerne bezeichnet, für Winterthur von Zürich aus zu Grabe getragen.

Über die juristischen Aspekte der Winterthurer Verfahren schrieb fortan der frischbackene Reporter Hansjörg Utz. Da er sich als Jurist in seiner Dissertation mit dem Thema der Verteidigungsrechte in Strafverfahren befasst hatte, waren ihm die Untersuchungsmethoden in Winterthur nicht ganz geheuer. «Der Rechtsstaat sei in Gefahr», schrieb Utz am 20. Dezember 1984, «– wegen der Sprengstoffanschläge. Das ist auf einem (rechtsgerichteten, der Verf.) Flugblatt zu lesen, das in Winterthur kursiert. Bei allem Verständnis für die Empörung über die –

auch politisch – sinnlosen Anschläge: Dem Rechtsstaat droht in erster Linie von Behörden Gefahr, die die Gesetze mal so, mal anders anwenden – je nach der Person des Verdächtigen.»

Später kritisierte Utz nochmals Äusserungen von Bezirksanwalt Peter Marti, der die Verteidiger mit Vorwürfen überhäufte. Marti: Von ihnen drohe die «Gefahr der Beweisvertuschung», und dies rechtfertige die Inhaftierung, «wenn ein Angeschuldigter keine Stellung zu den ihm vorgeworfenen Straftaten nimmt». Utz am 18. Januar 1985 zur Martithese: «Aussageverweigerung als Haftgrund? – Dies wäre eine gefährliche Gleichung, denn sie liegt bedrohlich nahe an der verbotenen Geständnishaft.»

Utz fügte freilich öfter unnötige opportunistische Bemerkungen hinzu, um dem politischen Klima auf der Redaktion und ausserhalb Rechnung zu tragen. So schrieb er, in einem Bericht zu Annas letzten Worten am 20. Dezember 1984 in einem Klammersatz: «Laut Bezirksanwalt hat sich die Frau im Abschiedsbrief nicht über die Haftbedingungen oder die Untersuchungsbehörden beklagt.» – Eine Nachfrage bei der Verteidigerin hätte Annas Klagen hinlänglich belegt. Oder wieder am 18. Januar 1985: «Das Schlagwort von den ‹Flächenverhaftungen› trifft daneben.» Mit dieser Bemerkung rechtfertigte Utz auf der Frontseite des Tages-Anzeigers (oben rechts) die Verhältnismässigkeit der Engpassaktion. Als ich ihn darauf ansprach, meinte der Reporter, er habe mit dieser justizfreundlichen Bemerkung bloss

Akzeptanz für die nachfolgende Kritik schaffen wollen. – Dies ist ein Musterbeispiel, wie sonst kritische Arbeitskollegen sich manchmal genötigt fühlen, mit heiklen Themen umzugehen: Ängstlich und «ausgewogen» bis zur Unfähigkeit, die Dinge beim Namen zu nennen.

Auf meinem Bänklein im Park gegenüber dem Kirchgemeindehaus Veltheim plagen mich düstere Vorahnungen: Wird dieses Winterthur spurlos an meiner Zukunft als gelegentlicher Mitarbeiter des Tages-Anzeigers vorbeigehen? Die Chefredaktion hat mir eben kürzlich den Anstellungsvertrag gekündigt. Ihre Hemmungen, mich endgültig zu feuern, sind immerhin noch erkennbar und lassen auf weniger restaurative Zeiten hoffen. Im Augenblick haben aber Kreise Oberhand, die mit drohenden Inserateboykotten dem Tages-Anzeiger auf die Finger schauen. Der TA ist auch nur bedingt unabhängig; drei Viertel seiner Einnahmen stammen aus den Inseraten. Und so stelle ich meine Recherchen, die ich vor der Restauration der 80er Jahre vermutlich noch im Auftrag dieser Zeitung hätte ausführen können, für einen unabhängigen Kleinverlag an.

Da hatten es die gutbezahlten Verfasser des «Zusammenfassenden Berichts über die polizeilichen Ermittlungen» um einiges leichter. Die beiden Feldweibel G. Thum und A. Brenn von der Kantonspolizei listeten im August 1985 die Personalien von 32 «Wintis» auf und entwarfen für diese ein Bild, das etwa ins Schema der Roten Armee Fraktion, der Brigate Rosse oder der Revolutionären Zellen passte. Ihr Indiz dafür war unter anderem das grosse A in einem Kreis, das auf Winterthurer Flugblättern und an den Innenwänden der Wohngemeinschaften vorgefunden worden sei. Gegen alle 32 «Wintis» ermittelten die Behörden laut Bericht wegen «wiederholter Gefährdung durch Sprengstoff in verbrecherischer Absicht, wiederholter Brandstiftung, wiederholter Sachbeschädigung etc.» – Jedoch: Mehr als die Hälfte dieser Verfahren musste inzwischen eingestellt werden. Einige endeten mit Freispruch. Wenn bei einigen Sistierungen Restanzen blieben, ist dies unter anderem darauf zurückzuführen, dass die Polizei bei der Hausdurchsuchung in einer Wohngemeinschaft Gummibärli und Heftli sichergestellt hatte, die möglicherweise von einem Kioskdiebstahl stammen könnten – was strafrechtliche Folgen für sämtliche Bewohner hatte: Allein in dieser Wohnung angemeldet zu sein, reichte aus, um des Diebstahls oder der Hehlerei oder zumindest der Gehilfenschaft dazu beschuldigt zu werden. So stieg die Anzahl der Verfahren.

Die Bilanz ist dürftig: Abgesehen von zwei «Nebenfiguren» (Staatsanwalt Pius Schmid) kommt es bei zwei von 32 «Wintis» wegen Anschlägen zur Anklage. Neun «Wintis» wurden verurteilt wegen verhältnismässig geringfügiger Sachbeschädigungen an öffentlichen Bauten und am Rundbau der Gebr.

Volkart; die Stadt Winterthur und die Familie Reinhart haben im Gegensatz zu den meisten übrigen Geschädigten die Strafanzeigen nicht zurückgezogen. Drei dieser neun Verurteilten wären mit einem Freispruch davongekommen, wenn das Winterthurer Bezirksgericht den zu spät erfolgten Anzeigenrückzug eines Warenhauses anerkannt hätte.

Doch für einen Teil der Öffentlichkeit genügte, was Engpasschef Eugen Thomann vertrat: Dass es nach dem 20. November 1984 «ruhig geworden ist» – für ihn ein Hinweis, «dass wir die Richtigen verhaftet haben». Nur: Seither ist es nicht unbedingt ruhig geworden. Es gab weitere Sachbeschädigungen und Brandstiftungen, aber sie wurden weniger aufgebauscht. Von «blankem Terror mit Sachschaden in Millionenhöhe» (Staatsanwalt Pius Schmid) war die Rede, bei einer tatsächlichen Schadenhöhe von 36000 Franken, die Frank verantworten soll: Für sechs sogenannte Sprengstoffdelikte mit «Bomben», dilletantisch hergestellt aus Feuerwerks- und Blindpatronenpulver, die rein theoretisch Leib und Leben von Menschen hätten bedroht haben können. Ruhig geworden ist es vor allem, weil der rechtsbürgerliche Ruf nach Ruhe und Ordnung verstummte, nachdem Anna Tanner im Bezirksgefängnis gestorben war. – Schlechtes Gewissen? Es hätte zumindest nicht ausgereicht, um eine unabhängige Juristenkommission zur Begutachtung der Strafuntersuchungen einzusetzen. Einen entsprechenden Vorstoss im Kantonsrat lehnte der bürgerliche Regierungsrat ab. Der Grund: «Ehe die einzelnen Haftbefehle ausgestellt worden sind, hat die Bezirksanwaltschaft Winterthur in jedem Einzelfall die von der Polizei zusammengetragenen Verdachtsmomente sorgfältig gesichtet und abgewogen.»

Die Kantonsregierung hatte offensichtlich ein ungetrübtes Vertrauen in ihre Untersuchungsbehörden, nachdem diese an ihrer Pressekonferenz vom 17. Januar 1985 erklärt hatten: «In der Haftverfügung müssen die Gründe, welche die Grundlage zur Anordnung der Untersuchungshaft bilden, genau angegeben werden.» – Das war Augenwischerei: Anna Tanners Hafbefehl zum Beispiel glich einer Blankovollmacht. Als Grund der Verhaftung war der «Verdacht auf Widerhandlungen im Sinne von Art. 224 bis 226 StGB» (Sprengstoffdelikte) angegeben. Von genauen Angaben oder Tatvorhalten nicht die Spur. Es gab auch nicht die geringsten Anhaltspunkte: Anna verweigerte die Unterschrift. Und so war der Haftbefehl nur von Bundesanwalt Rudolf Gerber unterzeichnet – und von Annas Sachbearbeiter: Kommissär V.

Die reformierte Kirche Veltheim schlägt drei Uhr. Auf dem Vorplatz des Hauses an der Felsenhofstrasse balgen die jungen Hunde der Wohngemeinschaft.

Der Wohnwagen, seit einer Woche vor dem Haus, ist jetzt rosarot, ein Fahrrad grün, der Kühlschrank in der Küche so rosarot wie der Wohnwagen draussen; auch die Schaufensterpuppen im Hof, die vorher keinen Hut aufhatten, sind jetzt farbig. Tommy hatte in den letzten Tagen einen kreativen Spritzpistolenschub. – Die polizeilichen Aufpasser, die das Haus noch immer im Fadenkreuz haben, werden sich ihre Notizen machen – wie vielleicht jener Spitzel, der mich vorgestern Nacht observierte, als ich die WG-Toilette mit ihrem ausgefallenen Aschenbecher (ein ausgedientes Weihwasserschälchen mit Putte) für einmal mied und vor dem Haus ins Sträucherbeet beim Parkplatz pinkelte.

In Winterthur ist «Pissen» (Arbenz) im Freien seit den Folgen von Alberts urinaler «Straftat» bei der Wülflingerunterführung mit enormen Risiken verbunden; so schaute ich mich um, und sah prompt einen Mann aus dem Schein jener nahegelegenen Telefonkabine verschwinden, der ich im übrigen keinen Pieps weit traue. (Hätte ich Frau Tanner, Annas Mutter, von hier aus angerufen statt von mir zuhause, so wäre das Treffen von heute nachmittag wahrscheinlich auf dasselbe herausgekommen. Doch davon später; es steht uns ja noch bevor.)

Natürlich gehören Observationen zu alltäglichen polizeilichen Aufgaben wie Telefonüberwachungen. Gibt es in Winterthur auch Wanzen, wie sie im Aargauer Polizeigefängnis vorgesehen waren? 1984 wurde in Winterthur die gesamte moderne Beobachtungstechnologie eingesetzt und unzählige Anschlüsse samt mehreren Telefonkabinen überwacht, darunter auch Telefone von Anwälten und Drittpersonen. Nachzulesen unter anderem im polizeilichen Ermittlungsbericht von Thum und Brenn. Immerhin staunte auch ein Zürcher Anwalt nicht schlecht, als in der Zeit der «Wintiverfahren» – auch er hatte eines – einer seiner Klienten, der gerade polizeilich ausgeschrieben war, im Büro anrief und ihn um ein Treffen bat: Der Anwalt fuhr vor Ort, aber kurz bevor er eintraf, war sein Mandant bereits verhaftet. Wenige Minuten nach dem Telefonanruf, dort, wo sie sich treffen wollten.

Aber warum nehmen die Beamten auch mich ins Visier? Was will der lästige Schatten, wenn ich vom «Widder» durch die Marktgasse zum Bahnhof gehe, um dann, nachdem ich ihn bemerkt habe, über den Hinterhof eines Geschäftshauses durch den Hintereingang eines Restaurants zu verschwinden? Welche Gefahr sehen die Behörden in meiner Arbeit, über die sie spätestens seit meinem Gespräch mit Bezirksanwalt Peter Marti im Frühsommer 1985 unterrichtet sind? Fürchten sie die Veröffentlichung noch unbekannter Winterthurer Ereignisse? Sind es gezielte Überwachungen meiner Recherchen oder bloss Einschüchterungsversuche? Weshalb erscheine ich plötzlich in Spezialrapporten der Kantonspolizei (Fw. Thum)?

Ermittelt wurde meine Gesinnung unter dem Tatverdacht von «Verunglimpfung, Provokation usw.

von Polizei, Untersuchungsbehörden und Justiz etc.» Laut Thum «lässt auch aufhorchen», dass ich bei der Familie Tanner «unter Verdrehung von Tatsachen gewissermassen die Polizei und Justiz auf die Anklagebank» setze. Thum war offenbar gut informiert und schickte den Ermittlungsbericht über meine Person an die Bezirksanwaltschaft Winterthur (10fach), an die Jugendanwaltschaft in Basel, an das Urkundenlabor der Kantonspolizei und an den Wissenschaftlichen Dienst der Stadtpolizei Zürich. Womit ich wohl endgültig in die Karteien Eingang gefunden habe. Möglicherweise bin ich heute ebenfalls im Umfeld von RAF, RZ oder BR registriert. Mein Gedankengut deckt sich jedenfalls laut Polizei mit dem der Winterthurer Szene, und dieses ergibt sich laut Fw. Thum unter anderem aus einem «Terroristenkochbuch» mit der Bezeichnung «Guerilla diffusa». Das Kochbuch (eine Broschüre mit Rezepten für die Mixtur von Molotow-Cocktails u. ä.) hat die Winterthurer Polizei nach der freiwilligen Räumung eines besetzten Hauses an der Marktgasse 13 aufgefunden. – Im Jahr 1981! Bis zum Erscheinen des Thum/Brenn-Berichts im August 1985 durfte der Zusammenhang zwischen dem Begriff «Guerilla diffusa» und der «Wintiszene» nur eine polizei*interne* Vermutung sein. Dennoch tauchte der Begriff bereits 1984 in rechtsextremen Publikationen auf. Der «Vertrauliche Schweizerbrief» (Ghostwhriter: Ernst Cincera) beispielsweise berichtete mehrfach, bei den Winterthurer Anschlägen sei die «Terroristengruppe Guerilla diffusa» am Werk. Und später nannte er auch gleich die Quelle: «Erkenntnisse aus Nachforschungen und Verhören der Winterthurer Untersuchungsbehörden».

In gewohnter Manier spann der cineristische «Vertrauliche Schweizerbrief» analog zum Thum/Brenn-Bericht ein abenteuerliches Netz aus geläufigen Untergrundorganisationen Westeuropas, dessen Fäden von Winterthur nach Ostberlin laufen. Ähnliche Schlüsse zieht ein weiteres derartiges Informationsbulletin: das «info-ch», ausgiebig zitiert von Cincera an seinem Veltheimer Vortrag im Beisein Eugen Thomanns. Die Herausgeber des «info-ch» sind bekannt geworden als Nachfolgearchivaren von Cinceras privater Subversivendatei: Hans-Ulrich Helfer und Urs Graf, beide ehemalige Beamte der Zürcher Kriminalpolizei. Der eine war Anti-Terror-Spezialist, der andere in der Spionageabwehr. Die Ex-Polizisten betreiben seit den achtziger Jahren die ominöse Firma «Presdok AG» in Zürich, die einen «Jahresbericht 1984 zu politisch motivierten Anschlägen in der Schweiz» herausgab. Dieser gleicht dem polizeilichen Ermittlungsbericht, was Winterthur betrifft, stellenweise wie ein Ei dem andern.

In der umfangreichen Dokumentation über die politische Reaktion in der Schweiz, «Die unheimlichen Patrioten», heisst es als *These* über Helfer und Graf: «Über lange Jahre wird es ihnen nicht schwerfallen, bei ehemaligen Kollegen der Polit-Polizei bequem an gewünschte Informationen heranzukommen. Oder aber (eine *Gegenthese*): Die Zürcher Polit-Polizei hat sich nach ausländischem Vorbild eine private, vorgelagerte Filiale eingerichtet, die in manchem mehr Spielraum hat als eine staatliche Stelle.»

Die *These* hat Cincera an seinem Vortrag und in den Quellenangaben des Vertraulichen Schweizerbriefs zweifelsfrei bestätigt, und für die Wahrscheinlichkeit der *Gegenthese* spricht Eugen Thomanns Auftritt in den Strafverfahren als «indirekter Zeuge».

Ein Zürcher Anwalt in seinem Plädoyer vor dem Bezirksgericht Winterthur: «Die Einvernahmen des indirekten Zeugen Thomann haben sich wie ein Ritual abgewickelt. Zuerst wurde er feierlich zur Wahrheit ermahnt, dann folgte ein stereotypes und vorher offensichtlich abgesprochenes Frage- und Antwort-Spiel. Thomann hatte seine Unterlagen und Notizen vor sich ausgebreitet und seine Antworten teilweise von dort abgelesen. Alibihalber wurde mir als Verteidiger noch die Frage gestellt: ‹Gibt es Einwendungen?› Die Antworten des indirekten Zeugen schossen pfannenfertig aus dem Mund und fanden ihren direkten Weg in die Schreibmaschine des Protokollführers. Thomann, früher geschäftsleitender Bezirksanwalt und ehemals Vorgesetzter des heutigen geschäftsleitenden Bezirksanwaltes Ulrich Arbenz, diktierte selbst, auch die Satzzeichen und die Absätze. In der Einvernahme hatte Arbenz nichts anderes zu tun, als seine Fragen zu stellen. Thomann hätte sie ohne weiteres sich selbst stellen können. Das waren Schmierenkomödien mit schlechten Schauspielern. Wurden Fragen nach der polizeilichen Taktik gestellt, verweigerte der indirekte Zeuge Thomann die Aussagen. Er gab nicht einmal die genaue Zahl der beobachtenden Polizisten bekannt. Auf die Frage, mit welchen konkreten Hilfsmitteln die Beamten meinen Mandanten identifiziert hätten, konnte sich der Zeuge vom Hörensagen nicht festlegen und erklärte etwas von allgemeinen Hilfsmitteln wie Fotos usw. Auf die Ergänzungsfrage des Angeklagten, weshalb die Täter nach einer Farbkleckserei nicht festgehalten worden seien, führte Thomann aus: ‹Vorgänge wie diese Sachbeschädigungen wiegen nicht so schwer, dass sie den Aufwand für eine polizeiliche Beobachtung rechtfertigen, von hier nicht interessierenden Ausnahmen abgesehen.› Auf die Frage, weshalb denn die polizeiliche Beobachtung überhaupt stattgefunden habe, antwortete er, die Beobachtungsoperationen seien vom Aufwand her einzig und allein gerechtfertigt gewesen im Hinblick auf die sich in Winterthur ab Sommer 1984 häufenden Sprengstoffdelikte und Brandstiftungen.»

Der Zürcher Anwalt folgerte daraus: «Auf der einen Seite war es also ungerechtfertigt, die Sprayer sofort festzunehmen, andererseits erachteten die Behörden es aber als verhältnismässig, Wochen später mit einer grossen Polizeiaktion einzufahren und meinen Mandanten 30 Tage zu inhaftieren.»

Es ist anzunehmen, dass die Justiz mit der umstrittenen Methode des «indirekten Zeugen» (im angelsächsischen Raum ist sie unzulässig), die in Winterthur eingesetzten Spitzel, V-Männer usw. abschirmen will. Leute, die Aufträge ausführen, wie Graf und Helfer, welche übrigens während Jahren als gutbezahlte Beamte der Kriminalpolizei im Freaktenue an unzähligen Demonstrationen und Versammlungen Linker teilgenommen hatten.

Ein weiterer Beleg für die cinceristische Winterthur Connection: Nach einer Demonstration gegen die «Flächenverhaftung und Isolationsfolter» Mitte Dezember 1984 in Winterthur riss eine Zürcherin aus Wut über die martialische Polizeipräsenz den Zierstern von einer Mercedes-Kühlerhaube; sie wurde mehrere Tage in Untersuchungshaft gesetzt. Bei der Hausdurchsuchung fanden Beamte ein internes, nie veröffentlichtes Papier der «Alarmplan-Arbeitsgruppe» des «Komitees Nicaragua-El Salvador» und eine Mitgliederliste. Genau diese Namensliste einschliesslich der nicht nachgeführten Mutationen und das Arbeitsgruppen-Papier erschienen darauf im «info-ch» der Presdok AG.

Ob ein kurz vor jener Demonstration erschienenes Flugblatt ebenfalls in die cinceristische Richtung weist? – «Winterthurer erwache!», so der Titel:

«Am Samstag, den 15.12.1984 wollen die Befürworter und Sympathisanten von Brand- und Sprengstoffanschlägen demonstrieren. Wollen wir das dulden, müssen wir das dulden? Merkt Euch die Köpfe! Hau' den Lukas! Der Rechtsstaat und die Demokratie sind gefährdet. Wehret den Anfängen! Morgen schon kann Dein Haus brennen oder Dein Kind einem Sprengstoffanschlag zum Opfer fallen.» Unterzeichnet mit «WWA = Winterthurer erwache».

Oder waren diese oder andere Bürgerwehr-Aufrufe bloss eine lokale Angelegenheit der örtlichen City-Vereinigung «Junge Altstadt»? Bisher bekämpfte die «Junge Altstadt» (erfolgreich) das in zwei Volksabstimmungen gewünschte autofreie Stadtzentrum; im Vorfeld der Razzia griff sie dann auch in den Kampf gegen den «Spray-Terrorismus» ein, wie sie das Sprayen nannte. Deren Geschäftsführer Thomas Schmidhauser, bis Mitte der Siebzigerjahre Sekretär der freisinnigen Partei des Kantons Zürich und nach eigenen Angaben Wanderfreund von Rudolf Friedrich (damals Präsident der gleichen Partei), soll schon 1980, nach dem Opernhaus-Krawall in Zürich, die Umwandlung von Zivilschutzräumen in Gefängnisse angeregt haben, falls die herkömmlichen Kapazitäten bei der Verhaftung von Demonstranten nicht ausreichen sollten. Vier Jahre später überlegte sich Schmidhauser, «was zu tun ist gegen die ‹Spray-Vandalen› und kommt zum Schluss, dass zwar ein Ausbau der Polizeiorgane und Bewachungsorganisationen nützlich wäre, aber aus finanziellen Gründen nicht machbar sei. Eine effektive Gratislösung (...) sieht er dagegen in der Mobilisierung der Bevölkerung...» (Kathrin Bänziger in ihrem vorläufig letzten Artikel über Winterthur im Tages-Anzeiger Magazin 6/85).

Solche Vorschläge setzten im Januar 1985 einige Vermummte beim Justitia-Brunnen an der Marktgasse in die Tat um. Sie übergossen – ähnlich wie seinerzeit den Menschenteppich der W81 – die Mahnwache für Anna Tanner mit Schweinegülle. Und entkamen wiederum unerkannt. Fünf Minuten später erschien zufällig der von Etienne, Frank und anderen «Wintis» als Schlägertyp bezeichnete Stadtpolizist auf dem Platz. Inzwischen fuhr auch noch ein Mannschaftstrupp von Polizeigrenadieren mit Maschinenpistolen vor. Die Lage wurde allzu bedrohlich; die öffentliche Trauer um Anna löste sich auf. Nachfragen hatten zwar ergeben, dass die Polizei bloss wegen eines falschen Überfallalarms im gegenüberliegenden Geschäftshaus ausgerückt war. – «Aber warum zielten denn die Beamten auf uns?», fragten sich die Mahnwachenden.

Fettsack, die molligste von drei Trottoirmischungen, die Sissa vor drei Wochen geworfen hat, knabbert vergnügt an meiner Schuhsohle und unterbricht mit einem fürs Alter schon ziemlich kräftigen Biss in die Zehen meine Gedankengänge. Ich sitze am Küchenfenster. Die «Terroristen» sind ausgeflogen.

Kein Mensch an der Felsenhofstrasse. Das ist selten bei so vielen jungen Leuten. Manchmal wohnen in diesem respektablen Altbau weit über ein Dutzend «Wintis». Ich warte auf Popopoi, um endlich zu Frau Tanner zu fahren. Die Turmuhr schlägt jetzt viertel nach drei: Nicht mehr lange bis zum Treffen, auf das ich seit langem warte.

Ich geniesse das Warten. Angenehm, für einmal einfach so dazusitzen und einen Moment nicht an die Ereignisse zu denken. Nur schauen: Die Umgebung, die vielen Vorgärten, der alte Dorfkern, das Haus der Wohngemeinschaft als markanter Eckpfeiler. Man muss dies anschauen, bevor die längerfristig geplante «Dorfkernerhaltung» den heutigen Dorfkern mit den Fremdarbeiterwohnungen und der Wohngemeinschaft zum Verschwinden bringt, bevor die Rampe des dannzumal gebauten unterirdischen Parkhauses den Natursteinweg entlang der Salatbeete ersetzt. Noch ist dieses Stück Veltheim nicht wegsaniert. Noch vikarisieren keine ausgedienten Weinpressen und altertümlicher Zierat aus früheren Jahrhunderten im obligaten Ortsmuseum. Noch rangelt Fettsack mit seinen Geschwistern um meine Schnürsenkel im ungewaschenen Kies. – Doch ein Ende ist absehbar; die Veltheimer Quartiergazette «Gallispitz» hat die Neugestaltung bereits angekündigt.

Vor dem Haus schlendert ein Jeanstyp vorbei. Sonderbar, dieser Blick. – Will er etwas fragen? Aber er fragt nichts, schaut bloss. Dann tritt er entschlossen auf den Vorplatz. Hat offenbar doch ein Anliegen. Aber zu spät! Sissa sieht ihre Welpen in Gefahr und stürzt aus dem Hinterhof hervor. Ihr Bellen ist furchterregend. Erst als der junge Mann – etwas weniger entschlossen – auf der Strasse steht, ist Sissa halbwegs beruhigt. Er verlangt, dass ich «das blöde Tier» wegschaffe. Bald stellt sich heraus, dass er als Fremder ein von den Nachbarn lange nicht benutztes Wegrecht beanspruchen möchte. Der Mann will am Ende des Vorplatzes die Treppe hoch, zum angrenzenden Haus. Dort gibt es ein verrostetes Eisentor, die Stufen bemoost, der Durchgang überwuchert.

Ob uns eigentlich bewusst sei, was die Nachbarschaft von unsern Hunden halte? Er hält mich für einen Bewohner. – «Geh doch mal ins Restaurant Konkordia, dort hörst du es!» Es würde ihn jedenfalls nicht wundern, wenn eines Tages einige Stücke vergiftetes Fleisch auf dem Vorplatz liegen würden. «Und es würde dir und deiner ganzen Brut recht geschehen!»

Solch unangenehme Besuche sind – abgesehen von der Polizeipräsenz – eher selten. Wären keine Hunde da, so wären sie wohl weniger selten, und deshalb, unter anderem, hat die Wohngemeinschaft Hunde.

Die Welpen sind noch nicht stubenrein; es gibt viel Arbeit. Besonders, wenn jemand vergessen hat, die Haustür zu schliessen.

Manchmal, nach einem neuen Wurf, sind sechs, sieben, acht Hunde zu versorgen. Mit Riesenpfannen voll Reis, angerichtet mit etwas Fleischpaste aus der Tube.

Jetzt stieben sie auseinander. Der Kies knirscht. Popopoi und ihre anderthalb Tonnen Eisen kommen angefahren: Citroën DS 21, Jahrgang 1966, Hydraulikfederung, servogesteuert, Lederpolster, Sounds aus zwei Boxen. Gewissermassen ein Widerspruch auf vier Rädern, was die politische Einstellung der Besitzerin betrifft – wie es sich herausstellen sollte, ein Widerspruch von kurzer Dauer.

Nun trudeln sie ein, die «Wintis». Rosa auf dem Fahrrad. Koni zu Fuss. Sein oranges Haar geht in der Sonne in Flammen auf. Leben kommt in die Felsenhofstrasse. Plötzlich stehen auch Kurt und Albert in der Küche; auch Barbara, die Unauffällige, ist nach Hause gekommen. Tommy war schon da; hat am Nachmittag in seinem Zimmer oben geschlafen. Einkäufe werden ausgebreitet. Die einen bringen Milch, literweise, ein anderer Kaffee. Albert hat Lauch geerntet und frische Zwiebeln. Auf einem genossenschaftlichen Landwirtschaftsbetrieb, wo er unentgeltlich aushilft.

Am Abend gibt's Eintopf. Abgesprochen ist nichts: Es hat oder es hat nicht. Es ist abgewaschen oder auch nicht, es hat Zahnpasta oder es hat nicht. Jemand hat nun schon das zweite Mal innert Wochenfrist Tommys Zahnbürste – schon wieder Tommys! – zum Haarefärben benutzt. Gelächter.

Manchmal ist der Schwartenmagenplättliboden in der Küche spiegelblank, ein andermal bleibt die Schuhsohle daran kleben. Die Eindrücke ändern sich laufend: von frischgeputzt und frischgestrichen bis zur schmuddligen Ungemütlichkeit. Ist kein Aschenbecher in der Nähe, tut's auch der Boden. Jeder und jede reinigt das, was ihn oder sie gerade stört. Und wer kaum je einen Lappen ergreift, hat nichts zu befürchten. – Eine Idylle des Zusammenlebens? – Es ist hier einfach anders. Die Macht der Gewohnheit ist fern. Normen werden abgelehnt, ein Putz-, Einkaufs- oder Gartenarbeitsplan wäre Horror, und dennoch wachsen vor dem Haus die süssesten Tomaten, die ich je gegessen habe. Die Wohngemeinschaft ist ein Reservat der gegenseitigen Toleranz: nicht politisch, aber individuell. Sie ist gross, die Szene klein. – Vielleicht, überlege ich manchmal, einigt auch der enorme Druck von aussen.

Noch Monate nach der Razzia tauchen Beamte wöchentlich ein bis zweimal auf. Unter irgendeinem Vorwand. Meistens geht es um Zustellungen von irgendwelchen amtlichen Papieren oder Bussen, etwa wegen abgelaufener Fahrradschilder. Auf so etwas reagieren die «Wintis» mitunter nicht. Weil sie es einfach vergessen oder verdrängt haben. Aber die Polizei vergisst nicht, sondern stellt ein zweites Mal zu.

Auf dem Küchentisch liegt zwischen alten Zeitungen eine Vorladung für Popopoi: «Sie werden gebeten, am Sonntag, 20.10.85, 18 Uhr, bei der Stadtpolizei, Obertor 17, vorzusprechen betreffend kurze Befragung betr. Rotlichtbusse vom 2.8.85. Diese Vorladung ist mitzubringen, ebenso Führer- und Fahrzeugausweis. Pol. H.» – Ob in Winterthur alle Rotlichtsünder auf einen Sonntagabend vorgeladen werden? Popopoi wird den Termin verschieben müssen. Vergisst sie dies, wird sie den Beamten einen Vorwand liefern, ins Refugium einzudringen.

Ein andermal wird Popopoi von einem Streifenwagen aufgehalten: «Ausweise bitte!» Den Fahrzeugausweis bekommt sie nicht zurück. Es liege etwas gegen sie vor. Was, sagt der Beamte nicht. Sie könne die Wagenpapiere auf der Wache abholen, dort erfahre sie es. Popopoi will eine Quittung, damit sie bei der nächsten Kontrolle – sie kommt bestimmt – nicht wegen fehlender Ausweise gebüsst werde. Da sagt der Beamte: «Wenn sie jetzt gleich mitkommen, werden sie nicht gebüsst.» – «Und wenn dies jetzt nicht möglich ist?» – Der Polizist lächelt: «Dann werden sie wohl oder übel gebüsst.» Nervenaufreibende kleine Dinge erleben die «Wintis» am laufenden Band.

Allerdings bekommen sie dann und wann sehr hohen Besuch. Im Gegensatz zu den unteren Beamtenchargen, die Unangenehmes zwangszustellen, bringt Stadtrat Peter Arbenz jedesmal eine Flasche Wein mit. Keinen schlechten Tropfen. Peter ist wohl so etwas wie das schlechte Gewissen seines Bruders Ulrich. Jedenfalls hatte er – noch als Winterthurer Bauamtsvorsteher – kurz nach Annas Tod die früheren Bewohner der Felsenhofliegenschaft kurzfristig hinausbefördern lassen, die städtische Liegenschaft dann auf den eigenen Namen gemietet und die Szene anfänglich gratis, später für ein Trinkgeld einquartiert. Es ist anzunehmen, dass es sich um eine Besänftigungsgeste handelte, für die Peter Arbenz als IKRK-Mitglied das diplomatische Gespür hatte. Gleichzeitig wurde die Szene im Interesse von Ulrich an einem Ort noch überschaubarer als zuvor. Auch rechnete der Bauvorstand Arbenz wohl mit einem Ende dieses Mietverhältnisses bei der Annahme des anstehenden 1,9-Millionenkredits zur Sanierung der Liegenschaft, die er und seine Parteikollegen vehement befürworteten. – Was dann nicht eintraf.

Für Peter Arbenz löste sich das «Problem Felsenhofstrasse» mit seiner Nomination als Flüchtlingsdelegierter des Bundes und seinem damit verbundenen Weggang nach Bern.

Wie so oft sitzen die «Wintis» und einige Gäste in der geräumigen Küche. Popopoi scheint das bevorstehende Treffen mit Annas Mutter ein wenig zu verunsichern. Jemand zieht ihre Vorladung aus dem Zeitungsstoss und streckt sie über den Küchentisch; es ist nicht gerade der geeignetste Augenblick dafür. Neben dem Stempel von Pol. H. hat Sissa mit ihrer nassen Hundepfote auch ihren Stempel aufgedrückt. Popopoi liest das Formular und knallt es verärgert auf den Tisch: «Die wollen doch nur wissen, wo ich angemeldet bin! Immer der gleiche!» – «Mach's doch wie ich», sagt Tommy, «seit ich in einem Postfach wohne, habe ich Ruhe». – «Wer kommt mit auf die Schmier?», fragt Popopoi nach einer Weile und sieht Margrit an. Margrit begreift rasch und nickt.

Allzuviele Winterthurer Ereignisse haben sich bisher am Obertor 17 ereignet. – Etwa am Todestag von Anna im Dezember 1985:

Im «Widder» war Konzert. Andy, nicht so recht in Stimmung, geht früher nach Hause. Zu Fuss biegt er in die Marktgasse ein und spaziert gemächtlich die Aorta des täglichen Konsums aufwärts. Eine Erinnerung hält ihn zurück. Nachdenklich schaut er eine Weile ins Schaufenster eines Warenhauses; er hatte es vor einem halben Jahr mit den Schuhen eingetreten. Einfach so, aus irgendeiner unbestimmten Wut auf das entfremdete Leben. Als Siebzehnjähriger musste er dafür einen halben Tag im krisengeschüttelten Winterthurer Technorama Strafarbeit leisten – als Massnahme der Jugendanwaltschaft. Andy schüttelt den Kopf. Dann geht er weiter die Marktgasse hoch. Auf der Höhe des Justitiabrunnens, wo die Betroffenen vor einem Jahr vier Wochen lang Mahnwache für Anna hielten, steht ein Privatwagen. Merkwürdig, ein Auto in der Fussgängerzone, denkt Andy und will rasch daran vorbeigehen. Doch schon sind zwei Männer ausgestiegen. Polizisten. Sie werfen ihm vor, er habe Scheiben eingeschlagen. Sie verlangen einen Ausweis. Andy hat keinen bei sich. Alles geht sehr rasch: Ein Würgegriff, und ab geht's auf die Wache am Obertor 17; sie ist frisch renoviert.

Andy kommt in ein Vernehmungsbüro im hinteren Teil des Gebäudes. Zunächst reden die Beamten väterlich auf ihn ein. Er solle doch zugeben, dass er Scheiben zertrümmert habe. Andy kocht vor Wut; die Erinnerung an die Strafarbeit im Technorama ist ihm unangenehm. Die Tonart wird forsch. Schliesslich wollen die Beamten einen «Alkoholtest» durchführen. Andy soll ins Röhrchen blasen – für ihn als Fussgänger eine Provokation. Und prompt verliert er die Nerven: «Ihr seid Faschos!» ruft er. Während der eine Polizist zurückbrüllt, dreht sich der andere um und macht sich in der Ecke an einem Gerät zu schaffen. Nachdem sich die Situation etwas beruhigt hat, sagt dieser Beamte: «Jetzt hör dir doch selber einmal an, was du da sagst!» – Andy hört aus einem Lautsprecher die eigene Stimme: er hört, wie er «Faschos!» ruft, und wie er sich resolut gegen den Vorwurf des Scheibenzertrümmerns wehrt, und wie er den Alkoholtest verweigert. In voller Länge.

Seine Verblüffung ist grenzenlos. Noch hat er nicht voll begriffen, dass im renovierten Posten der Winterthurer Stadtpolizei – wie in Aarau geplant – ein perfektes Abhörsystem eingebaut sein muss – da reisst ein dritter Mann die Bürotür auf und stürmt auf ihn zu. Andys letzte Wahrnehmung ist der Umstand, dass dieser Mann keine Uniform trägt wie gewöhnliche Stadtpolizisten. Dann spürt er nur noch Fäuste. Andy wird schwarz vor Augen und sinkt zu Boden. Bis er wieder zu sich kommt, ist der Schläger verschwunden. Andy schmerzt es höllisch am ganzen Körper. Sein Kopf dröhnt. Eine Gesichtshälfte schwillt an und verunstaltet ihn für Wochen.

Nach den Schlägen darf Andy nach Hause. Er habe sich noch gewundert, dass der Stadtpolizist – endlich erfuhr er den Namen eines Beamten – seinem Vater telefonierte, um ihn, Andy, abzuholen. Denn sonst habe man die Opfer meist noch eine Nacht in Polizeihaft behalten, bis die gröbsten Spuren verschwunden waren.

Andy wird auf eine Strafanzeige verzichten: «Die würden doch einfach sagen, ich sei gestürzt. Oder ich sei tätlich geworden, bis sie hätten eingreifen müssen. Ich bin ja der einzige Zeuge, zudem vorbestraft. Was könnte ich ausrichten gegen die Aussagen zweier Polizeibeamter?» – Tatsächlich, Andy hätte wohl noch grössere Chancen, selber angeklagt zu werden. Wegen falscher Anschuldigungen.

Einige Tage nach dem Vorfall, verlangte ich den betreffenden Polizeibeamten am Telefon und wollte wissen, was er als Beteiligter dazu sagt. Er wisse von nichts, sagt er, denn zur fraglichen Zeit, sei er gar nicht in den hinteren Büros gewesen, sondern vorne auf der Wache. Zwischen der Wache und den Büros habe es eine Türe, und diese Türe sei geschlossen gewesen. Da habe er vorne natürlich nicht hören können, was hinten los sei. Der junge Mann habe einen «Atemlufttest» verweigert und sei zudem äusserst aggressiv gewesen. Er habe ihnen Schimpfwörter an den Kopf geworfen: «Von Mörder an aufwärts!» Der Bursche sei wahrscheinlich frustriert gewesen wegen dieses Todestags vo däre... – von dieser Anna: «So ist es doch gewesen.» Er habe seinen Frust zuerst an einer Schaufensterscheibe abreagiert und dann an ihnen, den Beamten. Sie hätten mit dem jungen Mann ganz anständig geredet. – «Eine tätliche Auseinandersetzung? – Schon möglich, dass eine solche stattgefunden hat», sagt der Stadtpolizist. Doch *er* sei nicht dabei gewesen. Der Bursche werde verzeigt wegen Unfug und Trunkenheit: «Das Rappörtchen ist schon geschrieben.»

Was man an der Felsenhofstrasse so alles hört, erscheint als Strategie der Verunsicherung. Dazu gehören auch die Umstände der Strafverbüssung von Zippy, der – ebenfalls zufällig – in der Zeit um Annas Todestag 1985 im Winterthurer Bezirksgefängnis für die Dauer von zehn Tagen inhaftiert wird – wegen Nichtbezahlung einer Busse: und zwar nicht im Zellenbereich für Vollzugsstrafen, sondern in einer unterirdischen Zweierzelle. Zusammen mit einem Untersuchungsgefangenen, der vor einiger Zeit einen Menschen erschossen hatte. – War es eine

Schikane, dass die Gefängnisleitung Zippy die Busse unter solchen Haftbedingungen absitzen liess? Der zuständige Gefängnisverwalter, Herr B., hatte mir ein halbes Jahr zuvor noch versichert, er habe – gerade im Zusammenhang mit Annas Tod – ein gewisses Verständnis für die Szene.

Damals, im Sommer 1985, als ich ins Bezirksgebäude anrief und irrtümlich mit B. verbunden wurde, packte ich die Gelegenheit, um den Gefängnisverwalter nach den Haftbedingungen von Anna Tanner auszufragen. «Ich war natürlich kein Freund von dieser jungen Frau, was ihre politische Einstellung betraf, weil ich das sogenannte System selbstverständlich aufrecht erhalte. Anna ist eine schwierige Gefangene gewesen – und da geht man zwangsläufig nicht so oft in die Zelle.» Am letzten Tag, fuhr B. fort, seien dann zwei Bundespolizisten – es waren Kommissar K. und Inspektor St. – «eigens von Bern hergereist»; und da habe der eine Beamte noch zu ihm gesagt: «Jetzt wämmer das cheibe Züüg emol ächli durezieh, wämmer scho da sind!» – Darum sei Anna dann auch solange «dra cho».

Das Verhör habe sehr lange gedauert. Da sei die Essenszeit halt schon vorüber gewesen, als Anna in die Zelle zurückgebracht wurde. Und der Tee sei in der Zwischenzeit auch längst kalt geworden. Da habe der «Aufseher» (B. vermied den Ausdruck «Wärter», weil er ihn an den Zoo erinnere) mit Anna «Erbarmen» gehabt und ihr einen Tauchsieder gebracht.

Die Abgabe eines solchen, dies wusste ich, war ihr vier Wochen lang verweigert worden. Und wenn ein Wärter «Erbarmen» hatte, so musste auch der Zustand der Gefangenen erbarmenswert gewesen sein. – Was bedeutete dies für Anna? – B.: «Er brachte ihr den Tauchsieder, damit sie wenigstens den Tee aufwärmen konnte.» Dass sich die junge Frau dann am Kabel dieses Tauchsieders aufgehängt habe, sei «am anderen Tag natürlich für alle ein grosser Schock gewesen». Der «Selbstmord» habe ihn persönlich ausserordentlich belastet. Aber auf der andern Seite müsse man doch auch die Untersuchungsbehörden verstehen, wenn sie nicht weiterkommen. Es sei zwar schon möglich, dass Anna selber gar keine Straftat verübt habe, aber zumindest habe sie in einer Wohngemeinschaft gewohnt, wo solche geplant worden seien. Und deshalb sei sie über die Anschläge bestimmt auch informiert gewesen. Da habe man von ihr halt auch Aussagen erwartet, die vielleicht nicht sie selbst, sondern die andern Angeschuldigten betrafen. «Dies war doch legitim», meinte B., «besonders unter dem damaligen Druck der Öffentlichkeit». Da sei es «nun einmal Aufgabe der Behörden gewesen, *unter allen Umständen* die Wahrheit herauszufinden».

Die «Umstände«, die sich im Winterthurer Bezirksgefängnis in der Nacht vom 17. auf den 18. Dezember 1984 abspielten, hatte ein nicht in die «Wintiverfahren» verwickelter Gefangener von sich aus in einem offenen Brief an Politiker und Organisationen rapportiert – unterzeichnet von fünf weiteren Mitinsassen des Winterthurer Bezirksgefängnisses. Abgesehen davon, hiess es in jenem Schreiben sinngemäss, dass entgegen der Gefängnisverordnung die Frauenabteilung von männlichem Personal überwacht werde, und abgesehen von mangelhafter ärztlicher Betreuung, abgesehen auch davon, dass die Frauen nicht im Freien spazieren durften, hätten die Behörden mit Anna ein «teufliches Spiel» getrieben mit Versetzungen in immer wieder andere Zellen. Dies habe bei Anna zur völligen Absonderung geführt.

Wer als unbequemer Gefangener gelte, schrieben die Häftlinge, gerate in Winterthur in eine raffiniertbrutale Gefängnismaschinerie. Als Mitgefangene sei ihnen nicht entgangen, dass Anna ihr Haftregime sehr schlecht ertragen habe.

Man habe sie immer wieder in den Korridoren darüber klagen gehört, berichteten auch andere Gefangene. Sie habe Selbstmordabsichen geäussert. Nach dem letzen Verhör habe man Anna im Gefängnis erklärt, der Untersuchungsrichter würde nun alle anderen Gefangenen informieren, sie habe ein Geständnis abgelegt und ihre Freunde und Freundinnen verraten. Der Briefverfasser und die fünf Mitunterzeichner berichteten, sie hätten danach «lange Zeit Schluchzen und Schreie gehört».

Verwalter B., den ich auf den Brief aus dem Gefängnis angesprochen hatte, meinte: Er erinnere sich nur, dass es darin geheissen habe, die Gefangenen hätten Anna «in Gedanken» schluchzen und schreien gehört.

Im Übungskeller an der Felsenhofstrasse erdbebnen Konis Bässe, dann schreit Kurts Gitarre, und Albert eröffnet das Feuer am Schlagzeug. Die «Terroristen» sind wieder am Werk. Popopoi hat sich inzwischen beruhigt. Neben Margrit hat noch jemand zugesagt. Zu dritt beschliessen sie am Küchentisch, schon bald am Obertor 17 bei Pol. H. vorbeizugehen – zwecks kurzer Befragung betr. Rotlichtbusse vom 2.8.85.

Der Aufbruch zu Frau Tanner naht. Aber Rosa hat noch eine Frage. «Weisst Du eigentlich, was genau in Annas Abschiedsbrief steht?» – «Das war sonderbar», fährt sie fort, «die meisten von uns waren noch in Untersuchungshaft, als Anna starb. Kurz darauf wurden wir – mehr als die Hälfte der Gefangenen – unverhofft freigelassen, obschon sich am Stand der Untersuchung nichts geändert hatte. Es kam mir vor, als würden wir gegen die Tote ausgetauscht. Unsere Entlassung war pure Taktik: Eine Geste der Beschwichtigung, kurz vor Weihnachten, um die allgemeine Empörung zu dämpfen. Draussen hofften wir dann, aus Annas Abschiedsbrief etwas über die Hintergründe zu erfahren, aber zu sehen bekamen wir ihn nicht.»

Ich habe ihn auch nie gesehen, weiss aber aus

zweiter Hand um die Widersprüche zwischen Annas Worten und den öffentlichen Verlautbarungen von Bezirksanwalt Arbenz in der Presse.

«Und Zeichnungen?», fragt Rosa, «hat es Zeichnungen auf dem Abschiedsbrief?»

Es hat, meines Wissens.

Rosa schaut mich erwartungsvoll an: «Ich muss diesen Abschiedsbrief sehen! Vielleicht geht aus Annas Zeichnungen hervor, was im Gefängnis geschehen ist. Vielleicht ist sie sogar geschlagen worden. Auch ich wurde ständig bedroht».

Rosa vermutet, dass Anna Ähnliches oder noch Schlimmeres in der Haft erlebt hatte wie sie: «Kantonspolizist S. drohte mir einmal, er werde mich durch die ganze Ortschaft schleiken, übers Knie nehmen und mir den Arsch versohlen, falls ich mein Verhalten in der Untersuchung nicht ändere. Ich verweigerte die Aussage – wie Anna.»

«Vielleicht», überlegt Rosa, «hat sie ihre Eindrücke in Zeichnungen festgehalten. Deshalb muss ich ihren Abschiedsbrief sehen, irgendwann einmal muss ich diesen Brief sehen...»

Aber Zeichnungen und Notizen von Anna sind nach ihrem Tod verschwunden. – Und die vielen Entwürfe des Abschiedsbriefs, von denen die Verteidigerin gehört hatte? Waren es nur Entwürfe, oder waren es andere unbequemere Versionen? Wo blieben die der Anwältin bei ihrem ersten Besuch versprochenen Aufzeichnungen über die «Verhöre» mit dem anonymen Brief? – Anna, so erfuhr ich, hat seit Jahren wie besessen gezeichnet und geschrieben, auch malte sie wie ihr Freund Frank. «Ständig hat sie etwas herumgekritzelt», sagt Rosa, «da müsste eine Menge Papier bei den Effekten sein.» – Sind diese Dinge zum Verschwinden gebracht worden?

Rosa fleht mich beinahe an, ob ich bei Annas Mutter nicht wenigstens eine Kopie des Abschiedsbriefs besorgen könnte – oder auch nur die kleinste Notiz, die Anna im Gefängnis hinterlassen hat.

Es ist jetzt Zeit. Popopoi schaukelt uns in ihrer Staatskarrosse stadtauswärts. Ich erwarte eine Mutter voller Sorgen, die überzeugt ist, wie sie mir vor einigen Tagen am Telefon erklärt hatte, dass der Verlust ihrer beider Kinder «Gottes Wille» gewesen sei. Plötzlich sagt Popopoi, sie schaffe es nicht. Sie wolle umkehren. Wir halten an. – «Weisst du, auch ich war mit Anna befreundet», sagt sie. «Wir gingen oft zusammen tanzen, redeten viel über unsere Beziehungen. Wir arbeiteten zusammen im ‹Widder› – und eines Tages war sie einfach weg. Weg wie die andern, die für länger eingesperrt blieben. Bis auf zwei – kamen alle irgendwann wieder heraus. Bei Anna aber war es so, als wäre sie drin geblieben bis heute; und für mich wird sie noch Jahre, Millionen von Jahren drinbleiben. Es gab ein stilles Begräbnis; wir durften nicht hin. So haben wir ihren Tod gar nicht wahrgenommen. Und so kommt es mir vor, als hätten uns die Behörden nicht nur ihr Leben weggenommen, sondern auch noch ihren Tod. Manchmal, wenn ich Nachtdienst habe im Altersheim, begegnet sie mir in den leeren Korridoren. Ich sehe sie oft ganz deutlich vor mir – dann packt mich Angst und Entsetzen. Dann habe ich Angst, wahnsinnig zu werden.»

Wir haben bei jener Kirche angehalten, wo kurz vor Weihnachten eine Winterthurer Pfarrerin Anna beerdigt hatte. Diese Seelsorgerin, Tochter eines Polizisten und eine alte Freundin von Untersuchungsrichter Arbenz, war in jener Zeit Annas Eltern mit Rat und Tat zur Seite gestanden: Das Begräbnis fand dann in aller Stille unter den Augen eines ebenso massiven wie diskreten Polizeiaufgebots statt.

Unser Treffpunkt, unweit von der Kirche entfernt, ist ein typisches Aussenquartier-Café, ein helles, sauberes Lokal. Gleich neben dem Eingang trifft sich die Quartierjugend in einer Art Nische mit Flipperkästen und Geldspielautomaten. Hier sitzt um diese Zeit niemand. Also setzen wir uns hin und warten auf die Mutter.

Popopoi und ich haben die Aussenwand im Rücken. Zur Rechten blinken Spielautomaten, der Ausschank geradeaus, und dicht davor – er hat sich soeben an unsern Nachbartisch gesetzt – ein junger Mann, leicht verlaust, halblange Strähnen, flaumiger Bart. «Darf ich mich zu Euch setzen?», fragt er. Wir lehnen ab. Aber er hat sich schon erhoben.

Wir lehnen nochmals ab, diesmal entschiedener. Wir wollen uns ungestört mit der Mutter unterhalten.

«Ich wollte Euch nur fragen, ob ihr mir ein Bier bezahlen könnt.» Er lächelt. Seine Zähne sind im Vergleich zur übrigen Erscheinung gepflegt. «Ich bin völlig abgebrannt», fährt er fort. – Ob er denn nicht arbeite? – Nein, die Arbeit liebe er nicht sonderlich, darum sei er am Nachmittag meistens hier. In Wirklichkeit kannte ihn weder die Wirtin noch das Personal. – Weshalb er denn ein Bier bestellen wolle, in einem alkoholfreien Café? Er weicht aus. Annas Mutter sollte eigentlich schon da sein.

Der junge Mann lässt nicht locker, erzählt uns über zwei Tische hinweg ungefragt eine ganze Menge belangloser Dinge.

Er ist nicht der erste, der sich in letzter Zeit so sonderbar anzubiedern versucht. In den vergangenen Wochen bin ich nacheinander – wo auch immer – von mehreren, mir unbekannten Burschen angesprochen worden: Ich hätte doch sicher einen tollen Beruf, bestimmt Literat, Schriftsteller oder so etwas.

Einmal scherzte einer, ich sehe aus, wie ein Dichter kurz vor dem Berühmtwerden – es sollte mir wohl schmeicheln, dabei fühlte ich mich so unwohl, wie ein gewöhnlicher Schreiberling, der observiert wird, weil er zufällig für ein Buch über die Winterthurer Ereignisse recherchiert und womöglich zu

Informationen kommt, die den Behörden lästig werden könnten.

«Du trägst eine ziemlich teure Uhr für einen Herumtreiber», provoziere ich den jungen Mann am Nebentisch. Eine Sekunde lang lässt er sie im Ärmel verschwinden. Dann besinnt er sich anders und streckt sie mir entgegen: Digital, Datum, Taschenrechner, Metallband. – «Kostete nur einen Fünfliber», sagt er. Auch die für einen gewöhnlichen Penner viel zu teuren Schuhe hat er wohl halb geschenkt bekommen.

Während wir immer noch auf die verspätete Mutter warten, fassen wir noch einmal zusammen, was wir über Annas Familienverhältnisse wissen: Nach dem Tod ihres zweiten Kindes waren Tanners am Ende. Ihre Hilflosigkeit hatte keine Grenzen. Doch der Trott, der Alltag ging weiter. – Aber wie? Die Mutter arbeitete nach wie vor hinter den Milchglasfensterfronten der Winterthurer Industrie, und der gesundheitlich geschwächte Vater wartete, bis sie wieder nach Hause kam. Am Ende des Monats mussten die beiden weiterhin für ihr eigenes Häuschen aufkommen; ihr Heim hatte einst dem Traum einer kinderliebenden Familie entsprochen.

Nach dem Tod ihrer beiden Kinder schien Tanners alles sinnlos geworden: Was soll nun aus dem Häuschen werden? – Warum traf es ausgerechnet uns? – Warum unsere beiden Kinder? –

Warum auch noch Anna? – Was haben wir falsch gemacht?

Die Fragen kamen von selbst, eine Seelenmarter Tag und Nacht. Vater und Mutter fragten nach den Ursachen des Todes – und die Antworten waren widersprüchlich. Die Justiz machte die Szene und die Anwälte dafür verantworlich, und als die Verteidiger die Behörden anklagten, warf die Justiz den Anwälten vor, sie wollten «Annas Tod politisch ausschlachten». Dieser Kontroverse waren Tanners nicht mehr gewachsen. So vertraute die Mutter in erster Linie der Seelsorgerin; der Vater hielt sich an Bezirksanwalt Peter Marti – nachdem er sich, wie ich hörte, mit Arbenz überworfen hatte. So lag das Vertrauen der Eltern ganz auf der Seite der Behörden, und unter deren Einfluss begannen sie die Angeschuldigten, insbesondere Annas Freund, mehr und mehr zu verurteilen. Die Mutter weniger als der Vater. Auch Annas Verteidigerin begegneten Tanners nach dem Tod ihrer Tochter skeptischer als zuvor. – War es das Produkt der gezielten Behördenpropaganda, die schon am Tag, als Anna gestorben war, begonnen hatte?

Am 18. Dezember 1984 überbrachten zwei von der Bezirksanwaltschaft beauftragte Polizeibeamte den Eltern die Schreckensnachricht. Nachdem sie ihr Beileid ausgesprochen hatten, zogen sie über Frank her. Er sei der Polizei als Verbrecher schon lange bekannt. Sie wüssten auch, dass er ihre Tochter schlecht behandelt und auf die schiefe Bahn gebracht habe. – Beides entsprach der Verhörtaktik, die Anna und Frank mit psychologischen Tricks entzweien sollte. Die Überbringer der Todesnachricht redeten offensichtlich eine ähnliche Sprache wie der merkwürdige anonyme Brief. Selbstverständlich verschwiegen die Polizisten bei ihrem Elternbesuch den Stress des letzten Verhörs von der Dauer eines Arbeitstages – ohne Essen.

Von Behörden-, Polizei- und Seelsorgerseite hörten die Eltern wenig, was die Untersuchungsmethoden hätten in Zweifel ziehen können. Wie diese wollten Tanners jetzt Ruhe.

Auch Ruhe vor Geschichten über die Untersuchungsmethoden einzelner Beamter – wie etwa derjenigen von Kantonspolizist S., der Rosa bei den Einvernahmen jeweils anschrie: «Sie können gleich einen Strick nehmen und sich aufhängen, falls Sie die Aussagen weiterhin verweigern wollen!»

Als Kantonspolizist S. dies zum zweiten Mal sagte, antwortete Rosa: «Sie wiederholen sich». – Machten Anna solche Worte mehr Eindruck? S. habe sich in den Verhören immer wieder ereifert. Dies änderte sich bei Rosa erst, als er sie das letzte Mal sah. S. sei damals zwar immer noch nervös gewesen, dazu aber auch noch sehr bleich.

Es war am 19. Dezember 1984, vormittags um elf, im Anwaltszimmer des Bezirksgefängnisses Meilen:

S. sollte Rosa den Tod ihrer Freundin eröffnen. Aber Rosa hatte die Nachricht bereits am Vorabend am Radio gehört. Danach drückte sie kein Auge mehr zu. Die ganze Nacht über zermarterte sie sich den Kopf. Am Radio hiess es, eine Gefangene aus Winterthur... es war also eine Frau. – Aber wer? Wer? Wer? War es Leila? War es Margrit? Sip? Bea? Anna? Nein Leila! Oder Bea? – Entweder Leila oder Bea! Nein, Sip nicht, Margrit auch nicht. Aber Anna? Kaum. Und wieder von vorn und nochmals von vorn.

Im Anwaltszimmer habe Kantonspolizist S. offenbar Angst vor seinem eigenen Ratschlag mit dem Strick bekommen. Plötzlich habe er beinahe zuvorkommend gewirkt: Es sei seine Aufgabe und Pflicht, ihr zu sagen, dass... – Rosa unterbrach ihn: «Nein! Sagen Sie den Namen nicht! Von Ihnen will ich ihn nicht hören!» Als S. dennoch fortfahren wollte, fiel ihm Rosa erneut ins Wort: «Schweigen Sie, sagen Sie es nicht! Ich möchte den Namen, wenn schon, von meiner Anwältin erfahren.» Doch S. beharrte auf seiner Amtspflicht. Bis Rosa vorschlug, er solle den Namen auf einen Zettel schreiben, diesen zusammenfalten und ihr überreichen. Rosa wollte allein sein mit der Nachricht. Jetzt stotterte S. auf einmal: In solchen Augenblicken könnte man ja – verliere man doch oft die Nerven... Aber Rosa hatte ihre Nerven schon letzte Nacht verloren. Vor jemandem wie ihm, der sie ständig bedroht habe, weine sie nicht. Der Kantonspolizist gab schliesslich nach. Darauf wurde Rosa in die Zelle zurückgeführt, wo schon ein warmes Essen auf sie wartete. Sie fühlte den zusammengefalteten Zettel in ihrer Hosentasche, während sie die Suppe ass. Nach der Suppe konnte Rosa nichts mehr essen. Kantonspolizist S. habe die Frau des Gefängnisverwalters noch gebeten, bei ihr nachzuschauen, ob es ihr gut gehe.

Nachdem der wiederholte Nehmen-Sie-doch-einen-Strick-Ratschlag an die Öffentlichkeit gedrungen war, nahm Engpassleiter Eugen Thomann am Fernsehen dazu Stellung: «Dieser Satz ist völlig entstellt. Lange vor dem tragischen Selbstmord ist einmal in einer Einvernahme folgende Bemerkung gefallen: Ein Mensch, der keine Lebensfreude mehr entwickle, der könne sich geradesogut aufhängen! Das ist allgemein gesagt worden, ohne persönlichen Bezug. Diese Verdrehung ist ein Musterbeispiel für die systematische Verunglimpfung der Behörden und der Verfahren, die wir hier erleben.»
Der Thomannschen Prosa, wie er sie am Fernsehen vorgetragen hat, war ich erstmals im Zusammenhang mit der tödlichen Verfolgungsjagd auf Dani und Michi begegnet. Zürich im Sommer 1982: Die beiden Siebzehnjährigen waren mit einem entwendeten Motorrad auf Spritzfahrt, wurden gesehen und flüchteten Triemli abwärts – verfolgt von einem Streifenwagen mit den beiden Zürcher Stadtpolizisten T. am Steuer und K. als Beifahrer. Da

mehrere Augenzeugen unabhängig voneinander bestätigten, T. und K. hätten Dani und Michi gegen den Randstein abgedrängt, bevor sie auf dem Trottoir zu Tode stürzten, wurde eine Untersuchung eröffnet. Thomann leitete sie. Zwei Wochen später wurde durch eine Indiskretion bekannt, dass Beifahrer K. während der Verfolgungsjagd mit 80 bis 100 Stundenkilometern im Abstand von etwa einem Meter aus dem Streifenwagen heraus mit der Dienstpistole auf die Verfolgten gezielt hatte. Diese Tatsache verheimlichte Ermittler Thomann so lange es ging, und als es nicht mehr ging, hatte ich, damals noch Reporter beim Tages-Anzeiger, die Pflicht, seinen Kommentar dazu anzuhören. – Thomann: «Der Beamte wollte einerseits die Waffe in der Hand haben für eine allfällige Konfrontation, und andererseits hielt er den Arm aus dem Streifenwagenfenster, um die Motorradfahrer zum Anhalten zu bewegen. Als er diese beiden Dinge miteinander verrichten wollte, lag es auf der Hand, dass die Pistole einfach mitkommt, denn die Pistole gehört in die Schusshand.»

Noch lässt uns Frau Tanner warten. – Ist ihr etwas dazwischengekommen? Während der ungebetene Tischnachbar Popopoi erneut in eine Plauderei verwickelt, denke ich an Gefängniswärter E., der Anna am Abend des 17. Dezember 1984 den Tauchsieder in die Zelle gebracht hatte. Er hatte Anna zuletzt lebend gesehen. Heute arbeitet er nicht mehr im Winterthurer Bezirksgefängnis. «Der Stellenwechsel hat absolut keinen Zusammenhang mit dem Tod der jungen Frau», sagte mir Gefängnisverwalter B. auf Anfrage und fügte hinzu, «aber andererseits haut einem so ein Selbstmord schon den Boden unter den Füssen weg.» Ein solcher Vorfall verfolge einen Tag und Nacht. Jedes Mal, wenn er an der Mahnwache vorbeigekommen sei oder auch nur ein Flugblatt oder eine Sprayschrift zu Annas Tod gesehen habe, sei er anschliessend «erschlagen» gewesen. Und so lange dieses Umfeld, die Szene, noch präsent sei, klagte Verwalter B., komme ihm dieses tragische Ereignis immer wieder zu Bewusstsein: «Wenn dies nur einmal aufhören würde!» – «Nein, nein», wiederholte B., «bei E. war dies kein Grund. Er hat die Stelle nur gewechselt, um jetzt näher bei seinem Wohnort arbeiten zu können».

Bald erfuhr ich, wo E. wohnte, schloss auf seinen neuen Arbeitsort und rief ihn schliesslich in einem andern Gefängnis an. Er wollte nicht reden. Über seine Erlebnisse mit Anna mache er sich seine «eigenen Gedanken». – Daran zweifelte ich nicht, ich bat ihn zurückzurufen, falls er später doch noch bereit sei für ein Gespräch. Nach einer Stunde rief er überraschend an: Er habe soeben mit B., seinem früheren Vorgesetzten in Winterthur, gesprochen, und dabei seien sie übereingekommen, dass sich die Ereignisse jenes Abends «genau so und nicht anders» abgespielt hätten, wie mir Herr B. schon vor einiger Zeit ausführlich geschildert habe. Ich wandte ein, der Gefängnisverwalter sei in jener Nacht abwesend gewesen und hätte mir somit nicht aus erster Hand berichten können. Mich interessiere vor allem, ob B.s Darstellung zutreffe, dass er, E., am letzten Abend mit Anna Tanner «Erbarmen» gehabt habe.

«Erbarmen! Was heisst Erbarmen?», begann E. zu reden, «wir müssen immer davon ausgehen, dass wir als Aufseher an einem Ort arbeiten, der halt ziemlich exponiert ist. Und solche Fälle wie der von Anna kommen bei uns einfach vor. Wir können die Situation auch nicht ändern. Was heisst schon Erbarmen! Ich meine, es ist einfach ein Mensch, der nicht mehr lebt... oder!»

Als Anna vom Verhör in die Zelle zurückgebracht worden sei, habe sie immer wieder «etwas Warmes» verlangt. Aber um diese Zeit sei die Gefängnisküche längst geschlossen gewesen. «Es war schon sehr spät», sagte E., «weit nach zehn Uhr».

Um das Nachtessen sei dann eine Auseinandersetzung entstanden. Anna habe nicht begreifen wollen, dass es aus der Küche nichts mehr gab. Schliesslich sei er Anna so weit entgegengekommen, dass er sich bereit erklärt habe, bei einem Mitgefangenen einen Tauchsieder auszuleihen. «Damit sie wenigstens den Tee aufwärmen konnte.» E. fuhr fort: «Mich trifft doch keine Schuld wegen dieses Tauchsieders... oder! Sie hätte ja auch ein Leintuch zerreissen und ein paar Streifen daraus machen können, um sich aufzuhängen. Wissen Sie, obschon das Inventar in diesen ‹Räumen› ziemlich dürftig ist, gibt es für einen Gefängnisinsassen immer noch viele andere Möglichkeiten sich umzubringen.»

E. begann nun über diese Möglichkeiten zu sprechen, aber ich wollte lieber wissen, in welchem Zustand Anna vom Verhör zurückgekommen sei. – E.: «Wenn jemand bei den Untersuchungsbehörden anrücken muss, und dies über mehrere Stunden, dann bedeutet das natürlich auch eine Belastung... oder!» Und Anna sei eine feinfühlige Person gewesen, eine extrem feinfühlige sogar, auf die ein enormer «moralischer Druck» zugekommen sei.

Laut Bezirksanwaltschaft, wandte ich ein, sei jedoch «kein Druck» auf Anna ausgeübt worden.

«Wie soll ich sagen... Sie ist im Prinzip... gefasst zurückgekommen, indem...» E. unterbrach sich plötzlich und wollte nicht mehr reden.

Wie er denn dieses Ereignis persönlich verkraftet hätte?, wollte ich zum Schluss wissen. – E.: «Wie meinen Sie das?» – «Das ist einfach mit meinem Job verbunden. Was da passierte, ist vielleicht etwas, das man nicht mehr vergisst, aber ich muss lernen, mit solchen Situationen zu leben, weil mein Leben nämlich weitergeht.»

«War es schwierig für Sie?»

«Was heisst schwierig! Ich meine, schwierig ist einfach, dass da zwei Paar Schuhe sind, die nebeneinander gehen. Mit diesen verschiedenen Schuhen musst du irgendwie zurechtkommen, damit du dein privates Leben mit dem beruflichen... Damit du dann nicht darunter leidest. Sonst wärst du hier wahrscheinlich am falschen Ort!»

Anna wurde also erst «einiges nach zehn Uhr» in die Zelle zurückgebracht! Protokolliert ist das Ende des letzten Verhörs um 21.15 Uhr. Wenn nun also Kommissar K. und Inspektor St. die letzte Einvernahme, wie sie angegeben, um 14.15 Uhr begonnen hatten, so dauerte das Verhör mit Anna Tanner offenbar nicht *sieben*, sondern mindestens *acht*, möglicherweise gegen *neun* Stunden lang!

Da ich für diese neue Tatsache eine Erklärung wünschte, rief ich sogleich die Bundespolizei in Bern an. Kommissär K. antwortete ausweichend: «Meistens ist es so, dass es nach Ende einer Einvernahme bis zur Wiedereinlieferung ins Gefängnis eine Weile dauert... oder!»

Ob denn die Zeitspanne zwischen Verhörende und Rückkehr in die Gefängniszelle, die sich im gleichen Gebäude befand, bei Anna wirklich über eine Stunde gedauert habe?

«Ja, ja, das kann durchaus vorkommen», murmelte Kommissär K. und fuhr fort, «manchmal hört man mit der Einvernahme auf und redet am Schluss nomol e chli öppis... oder!»

In der Zwischenzeit benachrichtige man gewöhnlich das Gefängnis für den Rücktransport und so weiter. Das könne natürlich schon eine Weile dauern. Oder dann sei noch etwas mit den Effekten. Oder dass man irgend jemand orientieren müsse.

Damals sei es, glaube er, so gewesen, dass die Mutter noch auf einen Besuch bei Anna gewartet habe.

Frau Tanner öffnet ihren Mantel, kommt an unsern Tisch und setzt sich auf einen der beiden freien Stühle gegenüber: Eine unauffällige Frau, die ängstlich um sich blickt, ob sie nicht jemand im Café erkannt habe, wie sie uns bei der Begrüssung gesteht.

Der junge Mann am Nebentisch ist ihr offensichtlich ebenfalls unangenehm. Die Mutter rückt uns näher und beginnt zu erzählen, wie es wirklich war, als sie, wie K. «glaubte», noch auf einen Besuch bei Anna wartete: «Immer wieder hiess es damals, am letzten Tag, ich müsse mich noch eine Weile gedulden. Ich ärgerte mich, weil mein Besuch auf den Nachmittag des 17. Dezembers angemeldet war. Dennoch musste ich stundenlang im Korridor der Bezirksanwaltschaft sitzen und wurde ständig ungeduldiger. Ich wartete und wartete. Die Beamten kamen immer wieder, um mich auf später zu vertrösten. Mehrmals offerierte mir Bundespolizist Sch. Kaffee und redete mir zu. Aber was sollte ich Kaffee trinken! Ich wollte meine Tochter sehen, so war es ja auch abgemacht. Wenn ich daran denke, dass ich die ganze Zeit ganz in der Nähe des Büros wartete, wo Anna verhört wurde! Dann wurde es Abend, und immer wieder erklärten sie mir, es dauere nur noch wenige Minuten, dann sei es soweit.

Zu Hause wartete mein Mann. Länger als bis 19 Uhr wollte ich nicht bleiben. 19 Uhr war aber längst vorbei, als ich nach Hause ging. – Ich habe Anna nicht mehr gesehen!»

Frau Tanner ereifert sich und bemerkt offensichtlich nicht, wie sich ihre Stimme hebt.

Ein Mann in mittleren Jahren, unauffällig gekleidet, ist in unsere Nische gekommen. Er sieht sich einen Augenblick um und grüsst den jungen Mann am Nebentisch. Daraufhin setzt er sich mit dem Rücken so dicht schräg hinter Frau Tanner, dass er sie beinahe berührt. Er bestellt Kaffee. Dann lehnt er sich zurück, sagt die ganze Zeit kein Wort und sollte so bleiben, bis wir unser Gespräch beendet haben. Im rechten Ohr trägt er eine Art Gehörschutzpfropfen. Das Ding kommt mir bekannt vor – vom Schatten beim Technikum.

«Ich wollte bis heute von alledem nichts mehr hören. Mein Mann und ich haben uns völlig zurückgezogen, und jetzt geht es uns einigermassen gut. Wenn Sie nun die ganze Geschichte noch einmal aufrollen, dann muss auch mein Mann einverstanden sein. Er denkt in so einer Situation logischer als ich. Ich habe immer noch Mühe, mich zu konzentrieren. Mein Mann denkt wohl, so etwas gehe bloss wieder auf Kosten von Anna. Ich will keine Fehler machen. Aber es war schon lange mein heimlicher Wunsch, mit Annas Freundinnen und Freunden, auch mit der anderen Seite, einmal zu reden. Aber damals bei der Beerdigung war ich noch nicht so weit. Wir hatten nur mit der Seelsorgerin Kontakt, ausschliesslich mit ihr. Sie hatte schon unseren Sohn beerdigt. Bei der Trauerfeier von Anna befürchtete man eine Demonstration. Doch einen Protest am Grab hätten wir wahrscheinlich nicht verkraftet. Es hat uns dann aber sehr weh getan, dass wir Anna unter Polizeischutz ganz alleine ‹verlochen› mussten. – Wenn wir nur die Kraft gehabt hätten... wir hätten ja selber gekämpft und uns das nicht alles so gefallen lassen!»

«Was haben Sie sich denn alles gefallen lassen müssen?», frage ich.

«Am Tag nach Annas Tod haben wir die Zeitungen gelesen», sagt Frau Tanner, «und sind erschrokken. Was Bezirksanwalt Arbenz über den Abschiedsbrief gesagt hatte, das war ein dicker Hund. Wir haben den Brief ja bekommen und wussten, was darin stand. Mein Mann warf die Zeitung hin und ging sogleich ans Telefon. Dann hat er Arbenz eine halbe Stunde lang alle Schand' gesagt.»

Später habe er dann nur noch mit Marti gesprochen.

Popopoi und ich sind fassungslos. Wir hatten zwar alle längst vermutet, dass die Bezirksanwaltschaft über den Abschiedsbrief ein Zerrbild verbreitet hatte. Aber derart krass habe ich mir die Auswirkungen der Arbenzprosa doch nicht vorgestellt.

Dass die Eltern öffentlich mit frisierten Angaben über den an sie persönlich gerichteten Brief ihrer Tochter konfrontiert wurden, das hatten wir nicht erwartet. Auch unsere Mithörer scheinen erstaunt: Der junge Mann nebenan liegt inzwischen mit ausgestrecktem Oberkörper quer über den Nachbartisch und formt seine rechte Hand hinter dem Ohr unverhohlen zur Hörmuschel.

Frau Tanner fragt, was denn wir von dieser Geschichte halten. Popopoi schweigt. Ich betrachte die beiden Lauscher am Nebentisch, überlege eine Weile und erkläre: «Man kann die Sache drehen wie man will: Ihre Tochter ist in einer Situation gestorben, die unkontrollierte staatliche Organe unter Ausschluss der Verteidigung geschaffen, Anna aber nicht ertragen hatte; von einem Freitod in einer solchen Zwangslage zu sprechen, ist für mich pervers.»

«Darüber müssten wir einmal länger reden», sagt die Mutter, «vielleicht einmal bei uns zu Hause, wenn mein Mann dabei ist. Es wäre schön, wenn dann auch einige Leute dabeisein könnten, die mit Anna befreundet waren. Aber ich darf jetzt nichts überstürzen. Mein Mann...»

Bevor wir uns nach einer guten Stunde von Frau Tanner verabschieden, verspricht sie mir, zunächst einmal unabhängig von ihrem Ehemann, drei Kopien aus Annas Effekten zu schicken: den Abschiedsbrief, eine Karte und den anonymen Brief. Dieses Machwerk interessierte mich mehr und mehr, seit ich wusste, dass er von den Strafverfolgern gezielt eingesetzt worden war. – Warum eigentlich war dieser anscheinend so wichtige «Untersuchungsgegenstand» aus den Akten verschwunden und bei Annas Effekten gelandet? Oder war er gar nie bei den Akten? Hatten die Beamten Anna ausserhalb der Dienstwege gequält?

Mittlerweile ist es späterer Nachmittag. Unsere Stimmung ist auf dem Tiefpunkt. Popopoi überlegt, wo das Goldkettchen sein könnte, das Frau Tanner in den Effekten vermisste. Seit es ein Andenken ist, hat es an Bedeutung gewonnen. Popopoi hatte ihr versprochen, sich im Freundeskreis danach zu erkundigen.
Mich beschäftigt die öffentliche Stellungnahme zu Annas Abschiedsbrief, die den Vater offenbar aufgebracht hatte. Ich erinnere mich: Arbenz hatte am Todestag vor der Presse behauptet, Anna habe mit ihren letzten Worten ein «Geständnis bestätigt», und der «Selbstmord» sei für sie «der einfachste Weg» gewesen. Doch die Mutter bestätigte jetzt aus erster Hand: Anna hatte – im Gegenteil – geschrieben, sie habe weder Feuer gelegt noch Bomben gebastelt. Sie sei lediglich mit zwei Joghurtgläsli an einer Farbaktion beteiligt gewesen. Und vom «einfachsten Weg» war nicht die Rede.
Die Presse stellte Annas Tod und das sogenannte Geständnis in einen Zusammenhang mit dem «Friedrichanschlag», und Arbenz' Leibblatt, der

Landbote titelte: «Abschiedsbrief: ‹Der einfachste Weg›».

Als ich Arbenz später darauf angesprochen habe, behauptete er, von der Presse möglicherweise nicht richtig zitiert worden zu sein. Er habe an der Pressekonferenz am Tag nach Annas Tod, am 18. Dezember 1984, nicht aus dem Abschiedsbrief zitiert, sondern «nur sinngemäss mitgeteilt, was darin stand – soweit dies von Bedeutung war». Der «Selbstmord» als «einfachster Weg» sei seine «eigene Interpretation» gewesen.

Wäre Arbenz aber – mit «Geständnis» oder «Interpretation» – tatsächlich falsch zitiert worden, so hätte er dies in der Presse dementieren sollen. Denn die Pressestelle der Zürcher Kriminalpolizei, unter deren Leitung Arbenz die Journalisten über Annas Tod informierte, hatte mitunter eine sehr rigide Berichtigungspraxis. Ich erinnere mich an die Berichtigung zu einer wenig aufregenden Meldung im Tages-Anzeiger über die Bergung eines abgestürzten Kleinflugzeugs im Zürichsee. Das Suchfeld, schrieb ich damals, habe 100 mal 600 Meter betragen. Irgendwo beim Korrigieren sind dann aus Metern Quadratmeter entstanden, ohne dass die Anzahl geändert worden wäre. So stand schliesslich in der Zeitung, das Suchfeld sei 600 Quadratmeter gross gewesen. Um diesen Irrtum in der breiten Öffentlichkeit zu korrigieren, schickte die Polizeipressestelle eine sehr ausführliche Telexmeldung auf die Redaktion. Sie fühlte sich düpiert, weil sie glaubte, die Verminderung des Suchfelds hätte den polizeilichen Sucherfolg geschmälert.

Inzwischen fahren wir wieder stadteinwärts. Entlang den Sichtbacksteinfassaden gegenüber den Bahngeleisen.

«Worüber denkst du nach?» fragt Popopoi nach einer Weile.

«An die Arbenzprosa».

Popopoi wendet den Blick von der Hauptstrasse und schaut mich an: «Was gibt's da noch nachzudenken? – Das war uns doch schon lange klar. Wir kannten Anna viel zu gut, als dass sie in ihrem Abschiedsbrief jemals geschrieben hätte, der Selbstmord sei der einfachste Weg gewesen. Sie war uns auch zu vertraut, als dass sie in ihrem Brief je ein Geständnis bestätigt hätte, zu welchem sie zuvor gezwungen worden war. Der Arbenzprosa zu glauben, hätte Annas ganzer Person widersprochen.» Damit ist für uns beide das Thema erledigt.

«Aber der anonyme Brief, verdammt nochmal», denke ich laut, der wollte doch das gleiche wie die Verhörtaktik: Anna verunsichern und innerlich von Frank lösen. – Wer, ausser der Polizei, hätte Anna sonst noch damit kränken wollen?»

Popopoi schweigt.

Sie überholt gerade einen jener roten Trolleybusse, der die traditionell eher gelbliche Winterthurer Arbeiterschaft in den Feierabend fährt. Er schwenkt am rechten Strassenrand vor «Sulzers»

Tore und hält bei einer Menschentraube. Es ist halb sechs.

«Verdammt!», flucht jetzt auch Popopoi und tritt voll auf die Bremse. Ein junger Angestellter stürzt dicht vor unserem Wagen über die Hauptstrasse, um den Bus zu erwischen – ein hohes Risiko in einer Stadt, die – schon fast als Ausnahme – ihren Tempolimit innerorts noch immer hartnäckig bei 60 hält.

Auf der Fahrt zum Bahnhof kommt Popopoi auf meine Frage zurück: «Keine Ahnung, wer ihn geschrieben hat. Ich habe überall in der Szene herumgefragt – aber niemand kann sich die Herkunft des anonymen Briefs erklären. Ich erinnere mich bloss, dass er Ausdrücke wie ‹Chicks ficken› und ‹hinterrücks verarschen› enthielt.»

Am Abend dieses zehnten Oktobers, im Intercity zurück in die Bankenstadt, beschäftigt mich noch immer die Herkunft dieses fiesen Briefs. Ganz von vorn: Der Verfasser musste von einem momentanen Beziehungstief zwischen Anna und Frank gewusst haben, zumindest beschwörte der Brief ein solches herauf. Somit konnte der Anonyme nur zu einem ganz kleinen Kreis von Personen gehören: Zum einen waren dies etwa zwanzig «Wintis», zum andern ein junger Mann aus Zürich, der sich in Anna verliebt hatte, und schliesslich die Polizei. Sie hatte die beiden vor der Verhaftung ununterbrochen observiert. – Hat sie Schlüsse daraus gezogen?

Wie überall, wo anonyme Schmähschriften auftauchen, hatte dieser Brief nach Erhalt auch die Winterthurer Szene verunsichert. Misstrauisch haben ihn die «Wintis» von Hand zu Hand gereicht. Aber niemand konnte die Schrift erkennen. Der Brief war nicht von ihnen; die Schrift schien eher von einer älteren Person zu stammen. Ausserdem war den «Wintis» die Sprache des Machwerks fremd: So redeten sie nicht untereinander – von «Chicks», «verarschen», «hinterhältig» und «fikken» redete eher jemand, der krampfhaft bemüht ist, sich – in Unkenntnis der Szenenkultur – sprachlich anzupassen. Dachten sie. Aber angenommen, jemand aus der Szene hätte dennoch aus irgendeinem Grund den Brief verfasst und Anna zugestellt, dann wäre er nicht von Hand, sondern mit Schreibmaschine geschrieben worden. Die eigene Handschrift eines «Wintis» wäre in der Szene früher oder später entdeckt worden; die Schrift war nicht oder nur leicht verstellt.

Und der junge Mann aus Zürich, der Anna zwei Wochen vor der Razzia kennengelernt hatte und auf Frank hätte eifersüchtig sein können? – Er kannte noch nicht einmal ihren Familiennamen; einen Brief ins Gefängnis schickte er an Anna Bamert statt an Anna Tanner. Der anonyme Brief aber war korrekt an Anna Tanner in Winterthur-Seen adressiert.

In den Ausdrücken, die der anonyme Briefschreiber verwendet hatte, überlege ich, verbarg sich vielmehr die ausgesprochen bürgerliche Vorstellung, dass die im Brief auf fieseste Weise behaupteten Seitensprünge auf «hinterhältiges» Verhalten und Treuebruch zurückzuführen seien. Doch die «Wintis», wie der junge Mann aus Zürich, waren auch in solchen Situationen offen zueinander. Zumindest theoretisch schrumpft somit der Kreis möglicher Brieftäter auf die Strafverfolger zusammen.

Doch wer konkret käme dafür in Frage? Die Bezirksanwaltschaft Winterthur, die sowohl die Verhaftungslüge, Frank sei bei einer andern Frau festgenommen worden, wie auch die Arbenzprosa zum Abschiedsbrief verbreitet hatte? Oder – in engerer Beziehung zu Annas und Franks Strafverfahren – der Sachbearbeiter? – Dies wäre dann jener Bundespolizist gewesen, der sich kurz nach seiner Versetzung in den Innendienst nach Bern am 27. November 1984 unter mysteriösen Umständen auf dem Grab seines Schwiegervaters erschossen hatte: Kommissär V.

V. war ein guter «Bulle», zu sehr lechzt man im Gefängnis nach Menschlichkeit. Zu oft wird Dir gesagt, es sei ja nur verständlich, dass ein aufrichtiger Mensch in der heutigen Situation sich zu einer Entscheidung (zum Widerstand) durchringen muss. V. war ein sehr verständiger und intelligenter Typ. Arbeitete auf der Basis des gegenseitigen «Vertrauens», um dann im richtigen Moment die Dinge klarzustellen. Er war der Typ der ersten Zigarette, der einen auf ein «unverbindliches» Gespräch ohne Protokoll einlädt. Er sei ohne böse Absichten hier. Ob er zum

Abschluss noch irgendeinen persönlichen Gefallen tun könne, worüber dann nie mehr geredet werde – vielleicht jemanden, der einem nahestehe zu informieren, einen Freund, eine Freundin?

Ja, er solle doch ihren Sohn informieren, bat ihn die Gefangene in der Zürcher Polizeikaserne. Kommissär V., zuständig für sie, stand damals, vor zehn Jahren, erst seit kurzem im (Polizei-)Dienst der Bundesanwaltschaft. Die Gefangene war Petra Krause, inhaftiert wegen Verdachts auf «terroristische Umtriebe». V. versprach ihr, den Sohn zu benachrichtigen, hat dort aber nie angerufen. Dafür brachte er ihr «zum Gründonnerstag» ein Osterei in die Zelle, um ihr «eine kleine Freude» zu bereiten.

1984 arbeitete V. immer noch mit derselben Methode: Auch Frank brachte er kurz nach der Verhaftung Schoggistengeli in die Zelle. Er anerbot ihm, einen Brief von Frank an Anna weiterzuleiten und ist dann auch zu Frank zurückgekehrt. Mit der Nachricht: Anna habe seinen Brief «mit einem Loch im Bauch» zur Kenntnis genommen. Diese Briefträgerei ausserhalb des Dienstweges hat Eugen Thomann gegenüber Franks Anwalt als ein «dem Verfahren abträgliches Verhalten» bestätigt. Ob Anna den Brief tatsächlich erhalten hatte, ist unklar, aber V. hatte sie als Kassiberschmuggler zweifellos aufgesucht.

Petra Krause resümierte in der 1984 in Zürich erschienenen Dokumentation «Nach der Verhaftung» des Komitees gegen Isolationshaft: «Herr V. (...) holte mich (...) zu einer Unterhaltung ohne Protokollierung. Thema: Aussageverweigerung. Ich sagte, dass sich bei mir nichts geändert habe. (...) Dann wollte sich V. ‹draussen› bei einer Tasse Kaffee weiter unterhalten.»

V. nahm im November 1984 auch Anna mit in ein Restaurant, um ihr Zutrauen zu gewinnen. – War es das Restaurant Cooperativo in Zürich, vielleicht am 20. November 1984, bei ihrer Überführung von der Zürcher Polizeikaserne ins Winterthurer Bezirksgefängnis? V.s Angehörige X. erinnerte sich so.

Damals, in den siebziger Jahren, wurde auch Petra Krause von der Zürcher Polizeikaserne nach Winterthur verlegt. V. hatte ihr zuvor eine Tageszeitung versprochen. Doch diese bekam sie in Winterthur nicht, und auch schon damals durfte sie als Frau nie im Freien spazieren – wie die inhaftierten «Winti»-Frauen 1984. Im Winterthurer Bezirksgefängnis (wo niemand in der Aufsehergewerkschaft VPOD organisiert ist) hat sich an dieser zusätzlichen sexistischen Benachteiligung seither nichts geändert.

In den siebziger Jahren war Petra Krause wegen mangelnder Hafterstehungsfähigkeit freigelassen worden. Bei Anna wurde dies nicht einmal überprüft.

Ein Winterthurer Rechtsanwalt, der Anna bis zu ihrer Verhaftung als Babysitterin beschäftigt hatte, erklärte mir in einem Telefongespräch: «Wenn die

Winterthurer Bezirksanwaltschaft an einer Pressekonferenz sagt, man habe nicht merken können, dass Anna selbstmordgefährdet war, dann sind die Beamten entweder blind, oder dann wollten sie es nicht merken.» Er habe Anna als sehr sensiblen Menschen kennengelernt, sie habe eine aussergewöhnlich gute Beziehung zu seinem Kind entwickelt – fast eine Liebesbeziehung. Bei einem derart feinfühligen Menschen könne man im Nachhinein doch nicht behaupten, man habe nichts von einer Gefährdung im Gefängnis wahrgenommen. «Die Untersuchungshaft, schon für einen durchschnittlichen Menschen eine enorme Belastung, musste für Anna extrem gewesen sein.» Als Jurist habe er Arbenz nicht als abgebrühten Typ, sondern eher als differenzierten Untersuchungsrichter eingeschätzt. «Aber nach seinen öffentlichen Verlautbarungen habe ich ihn nicht mehr verstanden», sagte der Rechtsanwalt. Die Umstände von Annas Tod hätten ihm keine Ruhe gelassen. «Schliesslich bat ich Arbenz um ein Gespräch unter vier Augen. Ich wollte ihn darauf ansprechen, dass unser System solche Selbstmorde im Gefängnis geradezu ermöglicht.» Arbenz habe ihm bloss erklärt, er sei mit der Untersuchung gar nicht beauftragt gewesen, sondern habe nach Annas Tod lediglich seine Funktion als Geschäftsleiter der Bezirksanwaltschaft wahrgenommen. Sie hätten dann beide noch ziemlich lange «über das System gesprochen».

Einen «Schlag» habe ihm als Jurist vor allem das

letzte Protokoll versetzt: «Die Verhördauer von sieben Stunden! Und nur fünf Seiten Protokoll! Darin hat es ja lauter Löcher, ja eigentliche Brüche!» Allein aus den Zeitungsmeldungen habe er sofort herauslesen können, dass man Anna unter Druck gesetzt hatte. Das sei doch jedem klar geworden. Aussenstehende hätten nurmehr den Kopf schütteln können. «Ich glaube», sagte der Winterthurer Anwalt am Schluss unseres Gesprächs, «die Untersuchungsbehörden standen ihrerseits unter einem enormen Druck – nur so kann ich mir dieses Vorgehen erklären.»

Dass insbesondere Kommissär V. unter einem *Erfolgs*druck gelitten haben musste, pfiffen in Winterthur die Spatzen von den Dächern.

Namentlich ein mit V. befreundeter Geschäftsmann aus Bern machte sich grosse Sorgen und wandte sich an einen Vertrauten in Winterthur: V. habe ihm geklagt, er tappe trotz den Massenverhaftungen noch völlig im dunkeln. Der Kommissär sei ausser sich. Im ganzen Bekannten- und Freundeskreis sei er unmöglich geworden, habe herumgeflucht, er komme bei den Ermittlungen nicht weiter, die Winterthurer Behörden seien viel zu früh und viel zu plump eingeschritten. V. habe von «verpatzten Chancen» gesprochen: Seit Sommer ermittle er gegen mehrere Wohngemeinschaften, es liege aber noch nicht einmal so viel vor, wie unter einem «Daumennagel» Platz habe. V.s Frustration bestätigte mir schliesslich die Angehörige X.. Wenige Stunden nach der Engpassaktion habe er sie aus Winterthur angerufen und gesagt: «Das Ganze war ein Reinfall, eine einzige Pleite!»

Nachdem gerüchteweise bekannt geworden war, dass der Kommissär im Zusammenhang mit den Winterthurer Ereignissen Selbstmord begangen hatte, klopften Journalisten bei der Bundesanwaltschaft an. Dort war anfänglich die Rede von einem «Krankheitsfall», der «nichts, aber auch gar nichts» mit Winterthur zu tun habe. Später ging Bern in die Offensive und warf hartnäckigeren Anfragern vor, es sei «pietätlos, in den Privatangelegenheiten eines verstorbenen Bundespolizisten herumzustochern...» – wo Kommissär V. doch zeitlebens nichts anderes getan hatte.

Inzwischen hat sich aber herumgesprochen, dass Kommissär V. ein ausgekochtes Schlitzohr war, das dem Objekt seiner jeweiligen Nachforschungen äusserst raffiniert zu Leibe rückte: Zum Beispiel dem Kunstmuseum Winterthur.

Frank malte und galt im Winterthurer Kunstmuseum als *das* junge Talent. Er gehörte dort mit Anna eine Zeitlang auch zu den mehr oder weniger regelmässigen Besuchern. Einmal, so erinnerte sich eine Angestellte, hätten Anna und Frank ihren Hund, «Syph», mit in die Ausstellungshallen gebracht, worauf sich die Buchhalterin ereifert habe. Sie befahl, das Tier sofort hinaus zu befördern. Doch

«Syph» war immer dabei, wenn Frank malte. Und so wollte Anna nicht recht akzeptieren, dass die Ausstellungshallen heiliger sein sollten als ein Atelier, wo die Bilder entstehen. Sie habe dann ihrem Unmut über die Wegweisung von «Syph» Luft gemacht, indem sie im Kunstmuseum umherhüpfend einen Hund markierte.

Einige Zeit nach diesem Intermezzo ist sie übrigens mit einem ermässigten Jahresbeitrag von fünf Franken Mitglied des Kunstvereins geworden, was auf eine Versöhnung hingedeutet hat; ausserdem liessen Anna und Frank «Syph» fortan zuhause.

Die offizielle Eröffnung seiner ersten Ausstellung im Winterthurer Kunstmuseum erlebte Frank nicht; er war bereits in Untersuchungshaft. Dennoch schlug ihn der stellvertretende Konservator beim Kommissionspräsidenten der Kunsthalle Winterthur für eine Einzelausstellung vor. Doch da habe der Präsident der Kommission gesagt: «Nein, kommt nicht in Frage, sonst haben wir alle diese Punks in der Kunsthalle, und das liegt nicht drin!»

Etwa zur gleichen Zeit schlug die städtische Kunstkommission Frank an erster Stelle für das Stipendium der Stadt Winterthur vor. Aber jetzt – übrigens nicht zum ersten Mal – intervenierte Kulturvorstand Martin Haas (FDP); das Kunststipendium wurde Frank verweigert. Zur Begründung des Entscheids teilte Kulturvorstand Haas der Kunstkommission in einem Brief sinngemäss mit, es sei nicht einsehbar, weshalb einem Bürger das städtische

Kunststipendium gewährt werden soll, der nicht einmal seine Zivilschutzpflichten erfülle und deshalb offensichtlich auch nicht gewillt sei, seine Pflichten gegenüber der Allgemeinheit zu erfüllen. Die Kunstkommission fühlte sich desavouiert und war verärgert. Der Winterthurer Stadtratsentscheid musste auch noch verschwiegen werden, wo doch erst unlängst ein ähnlicher Beschluss gegen den Kunstmaler Viktor Bächer auf Regierungsratsebene einiges Aufsehen erregt und zu einem Vorstoss im Parlament geführt hatte: Kantonsräte fragten die Regierung an, ob sie «künstlerischen Nachhilfeunterricht» benötige.

In Winterthur blieb es still. Auch dass sich Stadtpräsident Urs Widmer heimlich um den Ankauf eines Werks von Frank bemühte, seine Absicht aber offenbar aus politischen Erwägungen änderte, blieb in der Industriestadt eines der bestgehüteten «Staatsgeheimnisse». Dennoch entschlossen sich sowohl der Winterthurer Kunstverein wie später auch die Kantonsregierung, Frank mehrere Bilder abzukaufen.

Kulturvorstand Haas dagegen tat etwas für die Rockerjugend. Ihr stellte er ein grosszügiges Lokal am Stadtrand zur Verfügung, und bei der Einweihung im Februar 1985 feierte er vor Ort die Schlüsselübergabe mit. Diese unpolitische Jugend stand ihm offenbar näher als die gegen soziale Missstände kämpfenden «Wintis» – bei Haas nicht weiter verwunderlich, nachdem er im Kantonsrat zusammen mit der Nationalen Aktion das Seebacher Kirchenasyl der chilenischen Flüchtlinge bekämpft hatte. Die Winterthurer Rockerkultur – unverbürgt, ob es gerade jene war, die Haas unterstützte – äusserte sich vor der Razzia in der Steinberggasse, als ein etwas punkig angezogener junger Winterthurer traktiert wurde. Augenzeugen berichteten, wie ein Rokker dem Opfer wiederholt zugerufen hatte: «Für jedes Farbei in der Stadt eins in die Fresse!» Dann habe er zugeschlagen, immer wieder, bis der junge Mann die Vorderzähne verloren hatte.

Dies ereignete sich in jener Zeit, als die Angestellten des Winterthurer Kunstmuseums die Bilder für die Weihnachtsausstellung aufhängten, darunter vier von Frank.

Die Direktion des Hauses konnte einigermassen zufrieden sein. Erstmals war es ihr gelungen, die Kriterien für die Zulassung zur Weihnachtsausstellung aufzuweichen. Seit je waren nur Mitglieder der offiziellen Künstlergruppe Winterthur teilnahmeberechtigt. Was Frank nicht war. Aber jetzt waren seine Bilder bereits ausserordentlich gut plaziert, als Kommissär V. um den 20. November 1984 herum im Kunstmuseum anrief. Er interessiere sich für die Weihnachtsausstellung, vor allem aber für die Bilder von Frank, mit dem er befreundet sei. Er befinde sich gerade am Winterthurer Hauptbahnhof und wolle, da er nun schon in der Nähe sei, sogleich vorbeikommen. Die Museumssekretärin versuchte ihm beizubringen, dass die Ausstellung noch nicht eröffnet sei. Dies störe ihn nicht, sagte V., er wolle unbedingt das Neuste von Frank sehen. Jetzt gleich! Aus diesem Grund sei er «eigens von Bern hergereist».

Anderthalb Stunden später tauchte V. zusammen mit einem jüngeren Begleiter im Kunstmuseum auf. Die Sekretärin fühlte sich überrumpelt und rief den jungen stv. Konservator herbei.

«Ich wollte Frank unbedingt überraschen», begrüsste V. den Direktionsassistenten. – Ob denn das Museum ausnahmsweise nicht schon vor Beginn der Ausstellung ein Bild verkaufe? Frank bedeute ihm sehr viel. Er wolle ihn noch heute besuchen – und ihm dann sagen können: «Schau, jetzt hab ich ein Bild von Dir!» – Frank würde dies bestimmt sehr freuen. V. war lässig angezogen. Lederjacke und Jeans. Er schien etwa fünfzig. Grossgewachsen, braunes, eher dunkles Haar. Der Begleiter, ebenfalls salopp in Lederjacke, war um einiges jünger und sagte die ganze Zeit nichts, während V. insistierte, die Bilder zu sehen. Nach einigem Hin und Her liess sich der Assistent überreden und führte die beiden Männer in den entsprechenden Ausstellungssaal.

Aufrichtig interessiert, ergriffen sagte V. immer wieder: «Das ist ja ausserordentlich beeindruckend, wie Frank malt. Da kann man einfach nicht widerstehen, ich muss ihm um jeden Preis ein Bild abkaufen. Aber diese Bilder sind alle so gross. Hat Frank denn nichts Handlicheres gemalt – vielleicht etwas, das man grad unter den Arm nehmen könnte?»

Je mehr V. die Werke kommentierte, um so grössere Zweifel kamen dem Assistenten: Dieser «Freund aus Bern» gab sich als enger Vertrauter aus, hatte aber keinen blauen Dunst von Franks Schaffen. Die Begeisterung wirkte aufgesetzt, aber sie vermochte den Assistenten zu bluffen, weil er ebenfalls grosse Stücke auf den jungen Maler hielt. Die Begeisterung liess erst etwas nach, als V. den Ankaufspreis für ein Bild erfuhr. Er schien sich überrissen zu haben. – Mit Spesen? Doch rasch fing er sich wieder auf und sagte zum Abschluss beinahe feierlich: «Die Wülflingerunterführung!» – Er wolle das Bild gleich mitnehmen, um es Frank gleich anschliessend zu zeigen. Das war nun aber wirklich nicht möglich, denn die Ausstellung, noch nicht einmal eröffnet, sollte Winterthur einen Einblick in das örtliche Kunstschaffen vermitteln und bis ins neue Jahr dauern. V. liess sich nur schwer davon überzeugen.

Ob das Museum denn nicht wenigstens dieses eine Mal eine Ausnahme machen könnte? Es dauerte seine Zeit, bis V. begriff. Das Museum offerierte ihm immerhin, das Bild vorzeitig zu reservieren. Was er schliesslich – allerdings ungern – akzeptierte. Die drei Männer gingen ins Büro zurück, wo V. die Formalitäten erledigen sollte. Dort kam es, als der Assistent verschwunden war, zu neuen Komplikationen. V. wollte unbedingt eine Anzahlung leisten – unnötig bei Reservationen. Erneut wurde der Assistent gerufen. Doch V. setzte sich nochmals durch. Er griff in die Tasche und legte eine Hunderternote auf den Tisch: «Die packe ich nicht wieder ein!» Darauf verlangte er eine Quittung und eine Kopie des Reservationsformulars, was er ohnehin erhalten hätte. «Wissen Sie, ich brauche das unbedingt, um Frank wenigstens zeigen zu können, dass ich mich für seine Bilder interessiere.» Er lächelte und sagte augenzwinkernd: «Es soll ja eine Überraschung sein.»

Nachdem V. und sein stummer Begleiter endlich gegangen waren, hatten die Museumsangestellten das merkwürdige Gefühl, übertölpelt worden zu sein. So einen Auftritt hatten sie noch nie erlebt.

Mit V. war vereinbart, die Reservation innert Wochenfrist telefonisch zu bestätigen. Die Frist verstrich. Und so blieb die «Wülflingerunterführung» geraume Zeit für den Verkauf blockiert. Niemand ahnte, weshalb schon an der Vernissage ein roter Punkt unter dem Bild befestigt war.

Nach einiger Zeit rief eine Museumsangestellte V. im Bernbiet an. Die Adresse stimmte. Eine Frauenstimme meldete sich; es war V.s Gattin. Die Sekretärin versuchte ihr klar zu machen, dass es um die Bestätigung einer Bildreservation gehe. Da sagte die Frau, ihr Mann sei gestorben. Sie sei noch derart durcheinander, dass sie jetzt nichts dazu sagen könne. Einige Tage darauf erhielt das Museum einen Anruf aus Bern. Ein «Berater» von Frau V. erklärte kurzangebunden, der Ankauf sei abgeblasen. Der rote Punkt unter der «Wülflingerunterführung» verschwand.

Kommissär V. war nicht zufällig auf Franks Bilder gestossen, denn er hatte den jungen Maler schon seit Beginn der Ermittlungen im Sommer 1984 praktisch auf Schritt und Tritt observieren lassen. Die Polizei kannte Franks Privatleben bis ins Detail und wusste auch schon vom Vorfall mit «Syph» in der Ausstellungshalle. Einmal schwatzte ein Polizeibeamter (möglicherweise war es V.) beim Museumspersonal, dass die Behörden Frank im Zusammenhang mit den Anschlägen endlich fassen wollten. Er werde seit längerer Zeit beschattet. Leider aber habe man ihn bisher nie auf frischer Tat ertappen können.

Die Polizei wusste auch von einer Auseinandersetzung zwischen Anna und Frank am 27. Oktober 1984 vor dem Haus der Wohngemeinschaft an der Neuwiesenstrasse. Am 31. Oktober, vier Tage darauf, wurde der anonyme Brief, wie sich später herausstellen sollte, in Winterthur-Töss aufgegeben.

Was V. über Frank und dessen Bilder wirklich dachte, wussten nur seine engsten Freunde, Angehörigen und Bekannten in Bern. Sie lachten mich aus, als ich ihnen erklärte, V. habe sich im Kunstmuseum als guter Freund von Frank ausgegeben: «Solche Dinge hatten seit je zu seinen Methoden gehört!» – Und die Schoggistengeli natürlich auch. V. sei ein sehr ehrgeiziger Polizist gewesen. Wenn er sich für die Bilder interessierte, dann selbstverständlich nur beruflich. Er habe doch nur wissen wollen, was in diesen Werken steckt. V. habe gründlich gearbeitet und – wie immer – nach den Schwächen und Stärken des Inhaftierten gesucht. Kommissär V. sei schon immer mit psychologischem Flair vorgegangen – und habe damit auch Erfolg gehabt.

Den Polizisten sah ihm niemand an. Lange Zeit waren selbst engste Freunde nicht im Bild über seine berufliche Tätigkeit, und als sie es erfuhren, seien sie sehr überrascht gewesen. V. war Schlagzeuger in einer Berner Jazzband, spielte auch Gitarre und trat daneben immer wieder mit seinen Verwandlungskünsten als Alleinunterhalter auf. Wenn er ausging, begab er sich unters Volk; ausgefallene Leute, Sprache und Gedankengut, interessierten ihn. Er war sehr gesellig und fand immer den richtigen Ton: «Er hatte die Begabung, dass er auch mit Kriminellen und Terroristen umgehen konnte», sagte mir jemand, der ihn sehr gut kannte. In Bern erfuhr ich noch einiges. V. soll ein Multitalent gewesen sein. Hätte statt Bundespolizist geradesogut Musiker wie auch Schauspieler werden können: «Ein Genie!»

Das war nun zweifellos ein wenig übertrieben. Denn, wie ich hörte, sollen seine Vorgesetzten öfter in die Lage gekommen sein, V. wegen irgendwelcher Schabernaks zu protegieren. Der Kommissär musste beruflich ein Gratwanderer gewesen sein – stets hart an der Grenze des Erlaubten.

Im Jahr 1983 beispielsweise wurde ihm die Fähigkeit, Stimmen zu immitieren, beinahe zum Verhängnis. Im Verlauf andauernder Auseinandersetzungen mit einer früheren Lebensgefährtin alarmierte er die Berner Feuerwehr und meldete, die Küche stehe «lichterloh» in Flammen. Die Feuerwehr rückte notfallmässig aus und fuhr bei der Wohnung von V.s Lebensgefährtin vor. Es brannte nirgends. Die Hauswartin wurde in die Notrufzentrale zitiert und erkannte dort auf Anhieb die Stimme des Anrufers: Kommissär V. hatte wieder einmal Bundesrat Kurt Furgler nachgeahmt.

Folgen hatte dieser Vorfall allerdings nur für V.s Lebensgefährtin. Beim Hausmeister brachte er das Fass zum Überlaufen. Er legte der Frau die Kündigung nahe; innert Tagen, so die Hauswartin, sei sie dann ausgezogen. Heute will die einstige Lebensgefährtin nicht mehr wahrhaben, was ihr die Kündigung eingetragen hatte. Obschon sie damals im Bekannten- und Verwandtenkreis über V.s blinden Alarm Klartext gesprochen hatte.

Unter einem Sonnenschirm, den eine Vertraute aus V.s Angehörigenkreis aus Angst aufspannte, sie könnte mit mir gesehen werden, hörte ich schliesslich die Wahrheit über den beabsichtigten Ankauf der «Wülflingerunterführung»: V. gefiel das Bild gar nicht. Er hatte es verschenken wollen. Jemandem, der davon auch nicht gerade begeistert war. Es wäre wahrscheinlich in einem Abstellraum gelandet.

Kein Zweifel, V. war Heuchler von Berufs wegen: Ob Bildreservation im Kunstmuseum oder

Schoggistengeli im Gefängnis oder Osterei am Gründonnerstag oder... – Salamibrötli.

«Da war einmal», so informierte mich eine andere Vertrauensperson, «ein junger Mann in so einer ‹Baader/Meinhof-Sache› drin – der liebte Salamibrötli über alles. Weil er diese aber im Gefängnis nicht bekommen konnte, hat V. ‹Berge davon› in die Zelle gebracht. Bald gewann er das Zutrauen, und wenig später fuhr er mit dem Gefangenen aufs Feld hinaus, wo ihm der junge Mann schliesslich ein Versteck zeigte: Zusammen haben sie es dann eigenhändig ausgebuddelt.»

Zur Belohnung für die Feldarbeit habe Kommissär V. dem jungen Mann die Eheschliessung im Gefängnis ermöglicht, worauf ihn der Gefangene gar zur Hochzeit eingeladen habe. V. sei dann allerdings nicht hingegangen.

Ich hörte noch einige Anekdoten über den Bundespolizisten. Sie alle liefen auf dasselbe hinaus: V. setzte als wandlungsfähiger Typ stets seine ganze Persönlichkeit in Szene, mobilisierte all seine Überzeugungskraft und spielte ein letztlich auch für ihn selber riskantes Falschspiel mit Gefühlen. In seinem Leben mischte sich Privates ständig mit Beruflichem, und so war es wohl auch kein Zufall, dass V. seine Sommerferien im Tessin gleich mit einem Besuch im linken Casa Solidarità verband.

«Dort gingen wir zusammen essen, V., seine Ehefrau und ich», erinnerte sich jemand aus Bern. «Bald setzte sich ein Zentrumsbesucher an unseren Tisch;

wir unterhielten uns sehr lange und angeregt. Bis der Gast an unserem Tisch auf einmal fragte, was V. denn eigentlich für einen Beruf ausübe. ‹Polizist›, antwortete er. Der Gast glaubte ihm nicht. V. wiederholte es mehrmals, aber der Mann konnte es immer noch nicht fassen. V. war eben einfach mit allen Wassern gewaschen. Zumeist legte er seinen Abstimmungszettel für die POCH in die Urne – aber nur, wenn er ganz sicher war, dass die Partei keine Chancen hatte. Er tat dies einfach so. Aus Plausch. Solche Eskapädchen stellten ihn echt auf.»

In Bern sah ich V. bei amtsinternen Gesellschaftsanlässen als Furgler abgebildet. Mit selbstgebastelter Furglerglatze. – Ob ihn der Bundesrat als früherer Vorgesetzter gekannt hat? V. trat auch mit schulterlanger Rothaar-Perücke und enganliegendem farbigen Tigerdress auf, wenn ich mich recht an das Foto erinnere, in gelb-schwarz oder rot-schwarz. Als Transvestit in Unterhalterpose vor einem Mikrophonständer. V. auch ganz zivil im Gespräch mit Berufskollegen, öfters mit einem Glas in der Hand.

Je mehr ich über die private Verspieltheit und den beruflichen Ernst dieses Mannes erfuhr, desto näher rückte der Verdacht, dass er den anonymen Brief, der Anna weichkochen sollte, selber verfasst hatte. Immer mehr glaubte ich, dass möglicherweise er und sein Berufskollege vom Kanton sein eigenes Werk ins Feld führten, als sie es der dreiundzwanzigjährigen Anna bei den «ausserprotokollarischen Einvernahmen» vorhielten und sagten, wie sie doch «einen Dreck» für Frank gewesen sei. Mir fehlte aber (noch) der Beweis. (Zur Frage, wer konkret Anna das Machwerk vorgehalten hatte, sagte im Frühjahr 1986 Kantonspolizist B. als Zeuge: «Es muss jemand von der Bundespolizei und ein Mann vom Kanton gewesen sein, bei der Bupo ev. V....»)

Über V.s Abhalfterung in Winterthur und seinen Suizid im Bernbiet war mir auch ein «Ondit» aus Zürcher Polizeikreisen bekannt: «V. war bei der Bundespolizei seit Jahren Spezialist für Fragen des Terrorismus. Er war bekannt für nicht normale, unkonventionelle, auffällige Arbeitsmethoden. In den späten siebziger Jahren war er wegen eines Nervenzusammenbruchs in einer Klinik. V. schrieb sich im Hotel ‹Winterthur› auf dem Meldezettel als Terrorist ein, um die lokale Polizei, von der er nichts hielt, zu ärgern, was ihm gelang: Die Winterthurer reklamierten in Bern, worauf Bupo-Chef Peter Huber V. zitierte, ihn zusammenschiss und in den Innendienst versetzte, was dieser möglicherweise nicht verkraftete – Ergebnis bekannt.» Soweit das Ondit.

Als ich V.s Kreise in Bern damit konfrontierte, brach Entrüstung aus. «Dazu will ich mich gar nicht äussern», hiess es, «was sind das für Kollegen, die so etwas behaupten können? Das ist ein harter Brokken!» Unter dem Sonnenschirm blieb es dann lange Zeit still. Diese Meldezettelstory sei zwar auch in Bern bekannt, doch daran glaube niemand. V. sei vielmehr schon seit langem unbeliebt gewesen – sowohl bei den eigenen Bupo-Kollegen in Bern wie auch bei der Zürcher Kantonspolizei. Man habe ihm die Erfolge missgönnt: Futterneid. Umgekehrt habe auch V. wenig für die «Zürcher» übrig gehabt – am wenigsten für deren stellvertretenden Kommandanten Eugen Thomann. Der Leiter der Engpassaktion sei ihm eben geistig unterlegen gewesen. Und da beide äusserst ehrgeizig waren, sei wohl darin der wahre Hintergrund für V.s Rauswurf aus Winterthur zu suchen.

Auch in der Frage der «Flächenverhaftung» seien sie sich in die Haare geraten. V.s Methoden hätten sich schlecht vertragen mit dem starren System der Polizei. Er sei «kreativer» gewesen, habe subtiler vorgehen und noch zuwarten wollen, bis mehr Beweismaterial vorlag. Von Masseninhaftierungen und Streifenwagenterror gegen die Szene habe er nichts gehalten, weil dies bloss die Ermittlungen störe.

Als Grund für V.s Rückversetzung nach Bern gab Eugen Thomann – im Widerspruch zur Bundesanwaltschaft – offiziell zwei Gründe an: Die Meldezettelgeschichte und der Kassiberschmuggel. Inoffiziell hiess es aber auch: Die Kantonspolizei habe V.s Auftritt im Kunstmuseum als pure Spinnerei aufgefasst. Denkbar wäre durchaus, dass V.s eigenmächtiges Handeln für die Verantwortlichen in Bern und Winterthur zu einem Sicherheitsrisiko geworden war.

Zum Meldezettel fügten V.s Freunde noch hinzu: «Das war doch bloss ein Witz – von der Art, wie V. immer wieder witzelte.» Darüber habe man doch stets nur gelacht. Ein wirklicher Terrorist, dies sei doch offensichtlich, würde sich in einem Hotel bestimmt nicht so einschreiben. Das «Ondit», sagte man mir in Bern, sei wahrscheinlich eine gezielte Indiskretion, um über die wahren Auseinandersetzungen hinwegzutäuschen. V. habe die Hintergründe von Rückversetzung und Suizid in einem Abschiedsbrief festgehalten. Jedoch hätten nicht einmal seine (erwachsenen) Kinder den genauen Inhalt erfahren. Die Bundesanwaltschaft wollte die Angelegenheit vertuschen. Gegenüber einigen Angehörigen liess sie verlauten, der Abschiedsbrief enthalte nur persönliche Dinge.

Über V.s Abschiedsbrief erfuhr ich andernorts, er habe den Grund für seinen Suizid klar bezeichnet: Schwierigkeiten mit der Kantonspolizei im Zusammenhang mit den Winterthurer Verfahren. Der Bundespolizist habe im Abschiedsbrief sogar eine ganze Reihe von Zürcher Beamten namentlich aufgeführt – Polizisten, die er verachtet habe. Es sei sein letzter Wille gewesen, dass die von ihm bezeichneten Beamten der Kantonspolizei Zürich seinem Begräbnis in Bern fernblieben.

Einige Zürcher hätten dann gleichwohl teilnehmen wollen. Doch da habe V.s früherer direkter Vorgesetzter (L.) ein Machtwort gesprochen: Er werde die Zürcher persönlich wegweisen, falls er sie am Grab antreffe.

III

Zu V.s Rückversetzung in den Innendienst nach Bern blieben viele Fragen offen. Der Freundeskreis riet mir schliesslich, gelegentlich einen gewissen Y. aufzusuchen. Er sei einer der ganz wenigen Zürcher Kantonspolizisten gewesen, die V. zu seinen Freunden zählen konnte. Y. habe ihn sehr gut gekannt und sei ihm auch ähnlich gewesen.

Mitte Oktober rief ich bei der Zürcher Kantonspolizei an, verlangte Y. und bat ihn um ein vertrauliches Gespräch «in Sachen Winterthur». – «Jaahh», erwiderte er, «Winterthur…?» – Wie ich denn auf ihn gekommen sei?

«Durch V.s Freundeskreis in Bern.»

«Aha!» Eine ganze Weile blieb es stumm am andern Ende. «Gut», sagte Y., «mit mir kann man schon reden – natürlich nur soweit sich dies mit meinem Berufsgeheimnis vereinbaren lässt.»

Wir vereinbarten einen Termin auf den folgenden Donnerstag, halb fünf im Restaurant Volkshaus am Helvetiaplatz in Zürich: Treffpunkt beim Ausschankbuffet. Da sich Y. nach diesem Telefongespräch zweifellos genauer über mich erkundigte, tat ein Freund für mich dasselbe über ihn, und so erfuhr ich, dass er beim Nachrichtendienst arbeitet.

Es ist ein milder Donnerstagnachmittag. Noch kein Blatt gefallen. Im Tram freundliche Leute. Solche Stimmungen sind eher selten in der Bankenstadt. Ich hingegen bin ziemlich angespannt. Auf dem Weg zum Volkshaus schaue ich mich um, merke mir diesmal die Gesichter etwas genauer, denn vielleicht sehe ich eines von ihnen bald wieder an einem anderen Ort. Ich bin ein bisschen zu früh dran. Im Volkshaus schlendere ich einen Augenblick in der Nähe des Ausschanks herum und hoffe, dass Y. wenigstens pünktlich sei. Es ist genau fünf Minuten vor halb fünf. Da stürzt ein Mann mit einem Funkgerät herein und kommt geradewegs auf mich zu. Er begrüsst mich und fragt: «Hast Du Deine AJS noch, dein altes englisches Motorrad?» Ich habe tatsächlich ein solches Motorrad; es steht seit acht Jahren unbenutzt in einer Garage. Das Funkgerät des Mannes ist noch eingeschaltet. Es krächzt und kratzt. Ich kenne den Mann nicht, erinnere mich mit dem besten Willen nicht, ihn je gesehen zu haben.

Es überrasche mich, dass er mich kenne und sich an das Motorrad erinnere. – «Weisst Du», erklärt er, «ich bin eben lange im Ausland gewesen.» Eine Minute setze ich mich mit ihm an einen Tisch. – Was er denn mit diesem Funkgerät im Schilde führe? Er schaltet es aus: «Ich bin Kurier und mache zwischendurch eine Pause.» Er zieht jetzt ein Buch hervor, wendet sich ab, und beginnt zu lesen. Ich wundere mich, wie ein Kurier, der mich vor zehn Jahren, wie er präzisiert, kennengelernt haben will, mitten am Nachmittag die Musse findet, um in genauer Übereinstimmung von Zeit und Ort, wo ich Y. treffen sollte, in einem Buch zu lesen. Aber solche Zufälle gibt's natürlich. – Ob er sich denn ernsthaft für meine AJS interessiere?, unterbreche ich seine Lektüre. – «Später bestimmt, aber im Augenblick nicht.» Denn schon bald fahre er wieder ins Ausland und suche zu diesem Zweck einen Kastenwagen. Er reise nach Afrika, und in Nepal unten wolle er das Auto dann verkaufen. – Aber Nepal liege doch nicht in Afrika. – Er fahre mit dem Kastenwagen zuerst nach Afrika und dann nach Nepal.

Nach wenigen Minuten gehe ich, wie vereinbart, ans Ausschankbuffet. Der Nachrichtendienstler ist offenbar verspätet. Zu meiner Rechten sitzt ein junges Pärchen drei Schritte vor mir an einem Zweiertisch. Den Mann, er ist wohl etwas über dreissig, habe ich schon irgendwo gesehen. Kein Zweifel – aber wo? Schnurrbart, lange dunkle etwas lockige Haare und eine grob gestrickte Wolljacke. Er ein wenig freakig alternativ, sie hingegen gepflegt. Plötzlich fällt es mir ein. Es war vor einigen Jahren am Bellevue in Zürich.

Ich hatte den Auftrag, über die Zürcher Fixerszene an der Limmatriviera eine Reportage zu schreiben. Nächtelang trieb ich mich dort herum, oft sass ich auf jener Treppe am Fluss und unterhielt mich mit den Süchtigen über die Umstände ihrer Abhängigkeit. Dort hatte ich ihn gesehen. Er war einer jener beiden jungen Männer, die mir aufgefallen waren, weil sie aussahen wie Fixer, aber mitunter Leute verhafteten. – Ich schaue nochmals hin – kein Zweifel, es war der Mann am Tischchen da unten. Macht wohl auch gerade zufällig seine Zvieripause wie der Weltenbummler: Kurier oder Polizist müsste man sein!

«Herr Schmid?», fragt mich ein mittelgrosser gepflegter Mann; er ist eben zur Tür hereingekommen. Y. stellt sich vor. Er ist sehr freundlich. Wir setzen uns ans Fenster, und wie ich das erste Mal an seinen leicht ergrauten Schläfen vorbeisehe, erblicke ich einige Tische weiter vorn einen älteren Mann mit schwarzen, glatt nach hinten gekämmten, etwas spärlichen Haaren. Ihn habe ich zuvor schon im Tram gesehen, was nun aber wirklich ein Zufall sein dürfte.
Y. wirkt so geschliffen, wie er angezogen ist. Dunkler Blazer mit Goldknopf, helle dazu passende Hose. Er legt ein rotbraunes Ledertäschchen vor sich hin, teures Fabrikat; es liegt die ganze Zeit zwischen uns.
Y. trifft sich nicht mit mir, um den tragischen Verlust seines Freundes zu beklagen, sondern um mich auszuhorchen. Wir geben uns beide Mühe. Im Lauf des Gesprächs verrät einzig ein kleiner Versprecher, tatsächlich der einzige, an den ich mich erinnere, die Denkweise seiner Branche: «V.», sagt Y, «war ein fanatischer Jazzmusiker, und in seiner

Band spielten auch Mitglieder der äussersten Linken mit, solche von den POCH! Und von daher kannte er sich natürlich auch beim Feind aus. Verzeihung, ...Feind habe ich nicht sagen wollen, aber verstehen Sie, was ich meine?» – Ich hatte verstanden.

Nach einer halben Stunde kommt das Pärchen beim Verlassen des Restaurants an unserem Tisch vorüber. Y. verabschiedet den Mann, den er offensichtlich kennt, wortlos und ohne Nicken – bloss mit einem um eine Spur zu auffälligen Seitenblick. Ohne Wimpernzucken dreht er seine Augen wieder zu mir. – Warum so klandestin bei einer Zvieripause?
«Glauben Sie mir», sagt Y., «der Selbstmord von V. hat nicht das geringste mit Winterthur zu tun. Nicht das geringste!» Sein Freund sei an der Vermischung von Privatem und Dienstlichem gescheitert. Auch er, Y., vermöge abends oft nicht abzuschalten: «Die Schicksale beschäftigten einem manchmal noch lange. Aber bei V. war es so gewesen, dass er sich dauernd damit auseinandersetzte.» Sein Freund habe sich mit der Rolle als Strafverfolger vollständig identifiziert. «Dass er auf kollegial machte, war natürlich seine Taktik gewesen.»
Kurz vor dem Selbstmord habe er V. in Bern besucht. Da sei er noch der vollkommene Gastgeber gewesen. «Kein Wort von seiner Versetzung in den Innendienst, nicht die Rede von Winterthur», betont Y. vom Nachrichtendienst der Kantonspolizei. – Sonderbar, so kurz vor seinem Tod, denke ich:

Entweder sagt mein Gesprächspartner nicht die Wahrheit, oder dann hat sein Freund die Schauspielerei tatsächlich bis zum bittern Ende getrieben.

Ich möchte nun wissen, ob sich Y. vor unserem Gespräch über meine Person erkundigt habe: «Ich nehme ja nicht an, dass Sie sich einfach mit irgend jemandem ohne Vorabklärung auf so ein Thema einlassen.»

Ja richtig, er habe selbstverständlich bei der Polizei herumgefragt, ob mich da jemand kenne, und da habe mich einer tatsächlich gekannt. Ich hätte doch früher einmal beim Tages-Anzeiger gearbeitet. Nachdem er dies erfahren habe, sei er beim Tages-Anzeiger gewesen (bei wem?) und habe sich dort nach meiner Person erkundigt. Man habe ihm dann mehrere Artikel von mir ausgehändigt, unter anderem einen über das Quartierzentrum im Kanzleischulhaus.

Ausgerechnet! Dieser Artikel hatte ziemlichen Wirbel entfacht und kostete mich meinen früheren Arbeitsvertrag. Y. weiss das; er ist gut orientiert.

Ich war im Frühjahr 1984 einer Stadträtin ein wenig an den Karren gefahren, worauf mich Chefredaktor Studer ohne Federlesens feuern wollte. Das Kanzleizentrum ist zwar auf politischen Druck hin nachträglich doch noch ihrer Verantwortung entzogen worden. Aber nicht dies hat mir geholfen, sondern meine Gewerkschaft, die gegen die Entlassung protestierte. Danach beschäftigte mich der Tages-

Anzeiger als freier Mitarbeiter weiter und versprach mir sogar wieder einen neuen Vertrag: auf Herbst 1985. Dass es bei einem Versprechen blieb, hat nun wirklich keinen Zusammenhang mit Winterthur. – Oder doch?

«Als ich Ihren Artikel über das Kanzleizentrum gelesen habe, begriff ich nicht, was darin hätte derart anstössig sein sollen», sagt Y. Nicht übel, diese Unterstützung. – V.s Methode?

Auch die Gerichtsreportage über einen agent provocateur der Zürcher Kriminalpolizei habe er in die Finger bekommen. Ich erinnere mich: Sie handelte von einem Polizeispitzel, der einen Fixer zum Verkauf von einigen Gramm Heroin animierte, worauf der Fixer, arg auf dem Entzug, hoffte, einen Anteil zu bekommen. Er organisierte im Auftrag des Polizeispitzels eine Übergabe mit einem Dealer – da wurden alle ausser dem Spitzel verhaftet. Der Fixer erhielt einige Jahre Gefängnis. Für ein Delikt, das die Zürcher Polizei «angezettelt» hatte, wie der Verteidiger dies später vor Gericht nannte. In einem ganz ähnlichen Drogenprozess, kurz zuvor in Basel, liess Gerichtspräsident Albrecht den Polizeispitzel im Verhandlungsaal verhaften und sprach den Fixer von Schuld und Strafe frei.

Der Zürcher V-Mann vergewaltigte später eine Frau. Es kam nun zu einem Strafverfahren gegen ihn. Da liessen ihn die Drogenfahnder fallen, drehten den Spiess um und lasteten ihm nebst Notzucht auch noch Drogendelikte an, obschon er die einen oder anderen Deals in ihrem Auftrag abgewickelt hatte.

«Bei uns», sagt Y, «hierzulande ist es in Wirklichkeit nur halb so schlimm mit agent provocateurs – ganz anders als in der Bundesrepublik. Dort gibt es Leute, die sind ganz heiss in der illegalen Szene drin. Unmöglich in der Schweiz: Hier bekommen wir vom Staat nicht einmal einen falschen Pass!» – Damit ist unser Gespräch allmählich zu Ende. Beim Aufstehen öffnet der Nachrichtendienstler überraschend sein rotbraunes Ledertäschchen, streckt es mir über den Tisch entgegen und bietet einen Blick ins Innere an: «Lueget Sie nur inne, ich ha nüt drin!» – Damit ich nicht auf den Gedanken komme, er hätte unser Gespräch auf Tonband aufgenommen. – Habe ich wieder drahtlos auf die Zentrale gesprochen?

Ich laufe unverzüglich zum Tages-Anzeiger, in die Dokumentation. Die Archivaren müssen wissen, ob jemand in letzter Zeit meine Zeitungsartikel angefordert hatte. Jede Herausgabe läuft über sie. Aber es hatte niemand, weder Y. noch sonst wer, weder übers Kanzleizentrum noch über irgendwelche Gerichtsverhandlungen. Auch niemand im Hause hat so etwas je von ihnen verlangt. Sie wüssten dies mit absoluter Sicherheit.

Auch die Dienststelle der Redaktion, die nebst

administrativen Aufgaben eine Art interne Polizeifunktion ausübt (etwa wenn jemand für private Zwecke kopiert), ist nicht angefragt worden. Überall hiess es: Die Herausgabe der Artikel muss über die Dokumentation laufen. – Aber woher hatte denn Y. eine ganze Sammlung von Berichten zur Hand? Aus einem andern Archiv?

Gibt es in unserer «Demokratie» gar Gesinnungsdossiers – ausser demjenigen Cinceras und seiner Gefolgsleute? – Es fällt auf, dass sich die Strafverfolger, als es in Winterthur ums Dokumentieren ging, sehr ausgeprägt auf die politische Einstellung der Angeschuldigten und ihres sogenannten Umfelds konzentriert hatten. Das «Umfeld» bezeichnete Stabschef Eugen Thomann später unter anderem als «die publizistischen Helfer» der Täter (Bern, 15. September 1986, Pressegespräch über «Terrorismus und Gesamtverteidigung» des rechtsextremen Vereins «Chance Schweiz»).

Die Ermittlungsberichte von Thum, Brenn usw. bauten nachweislich von Anfang an Täter- und Helferkreise auf, die ungefähr ins cinceristische Weltbild der «Guerilla diffusa», Ostberlin, Kreml und des europäischen Widerstands passten. Und zu diesem Zweck steckten Beamte ihre Nase buchstäblich in die Kloake. Das «Winti»-Gedankengut eruierten sie unter anderem im Pissoir des Restaurants «Widder», wo «Unbekannte», wie es in einem Polizeibericht heisst, mit Filzstift «Marti-Mörder» hingekritzelt haben sollen. Auch punkiges Haarefärben legte die Polizei (später auch Staatsanwalt Pius Schmid) als «geschickte Tarnung» zur Verübung von Straftaten aus. Das dergleichen abgesteckte «Umfeld» reichte bald bis zum Alternativradio LoRa und zur WochenZeitung in Zürich; deren Berichte über Winterthur finden sich seitenlang ausgebeinelt in Thums Einschätzungen zur aktuellen Lage an der publizistischen Front. Irgendwoher musste der Feldweibel sein Material bezogen haben. (Im Frühjahr 1985 stellte sich bei der Durchsicht von Akten heraus, dass Polizeiprotokolle von LoRa-Sendungen dem damaligen Präsidenten der zweiten Strafkammer des Obergerichts Zürich, Alfred Schütz, zugestellt wurden.) – Bin auch ich datenmässig erfasst?

Einige Tage nach unserer Unterhaltung im Volkshaus Zürich rufe ich Y. nochmals an, ich hätte ein «Gnusch im Fadechörbli». Er wolle sich angeblich beim Tages-Anzeiger über mich erkundigt und dort Artikel von mir erhalten haben.

«Ja ja, richtig», sagt Y., «so war es.» Nun spreche aber einiges dafür, dass es doch nicht so war, erwidere ich, denn die Dokumentation des Tages-Anzeigers habe nichts derartiges herausgegeben, schon gar nicht in letzter Zeit, wie er behauptet habe.

«Ja also», erklärt Y, «ich bin nicht selber dort gewesen; einer meiner Mitarbeiter erledigte dies für mich. Aber der war tatsächlich dort, und zwar am Hauptschalter unten, beim Eingang, wo man alle Artikel erhält, die man verlangt.»

Doch auch der Hauptschalter, wende ich ein, wisse nichts davon und müsse redaktionelle Artikel wie alle andern Stellen vom Archiv beziehen.

«Warten Sie einen Augenblick, ich muss nachfragen», sagt Y. – und lässt mich warten. Der Augenblick dauert genau vier Minuten. Danach fragt er: «Sie sind noch dran?» und fährt fort, «wissen Sie, ich habe nochmals herumgefragt, und da hat sich herausgestellt, dass derjenige, der das erledigt hat für mich, gerade in den Ferien ist», lacht Y. Und seine Kollegen wüssten jetzt natürlich auch nicht, wie jener die Artikel besorgt habe. Aber der Fall sei klar, dies hätten ihm alle Kollegen gesagt: «Beim Tages-Anzeiger kann man bestimmte Artikel verlangen, und dann bekommt man sie. Problemlos.» Denkbar sei auch, dass sein Mann eine «Vertrauensperson beim Tagi» (die zweifellos existiere) bemüht habe. Aber er glaube... in diesem Fall eher nicht. Der Mann, den er beauftragt habe, sei nur ein «Ausläufer» gewesen. Ich solle doch in zwei, drei Wochen nochmals anrufen, dann sei er bestimmt aus den Ferien zurück.

Beim Nachrichtendienstler kam ich offensichtlich nicht weiter, weder in der Dossierfrage noch in der Frage nach den Umständen von V.s Suizid. Y., sein einziger Freund bei der Kantonspolizei, schien nicht gerade glaubwürdig.

Und da auch er mir im Restaurant «Volkhaus» diese Terroristen-Meldezettelgeschichte aufgetischt hatte, beginne ich allmählich am «Ondit» aus Polizeikreisen zu zweifeln.

So muss ich denn eines Tages auf dem Dachboden des Hotel «Winterthur» zu meinem Erstaunen feststellen: V. hatte sich gar nicht als «Terrorist» eingeschrieben, sondern korrekt als «Eidg. Beamter». Wenn etwas auf jener Hotelanmeldung ein Jux war, dann das Reiseziel: «Beirut». – Das war zweifellos kein ausreichender Grund für eine plötzliche Versetzung in den Innendienst. Es musste – falls es nicht einen weiteren Meldezettel gab – wohl einen anderen handfesten Grund geben. – Vielleicht der anonyme Brief? Hatten die Zürcher den Berner Kommissär etwa deswegen fallengelassen?

Die Zürcher Kantonspolizei musste auf jeden Fall gewusst haben, dass «ev. V.» und ein «Mann vom Kanton» das Machwerk gesprächsweise eingesetzt hatten. Und dies allein wäre dann schon mehr als ein ausreichender Grund gewesen. – Wussten oder vermuteten die Verantwortlichen in Winterthur gar, dass V. selber der Verfasser war? Hatte der Kommissär, der nach Auskunft von Y., «immer im Mittelpunkt stehen wollte», sich gar damit gebrüstet? War dies der wahre Hintergrund der Auseinandersetzungen über die Ermittlungsmethoden? Mussten die Behörden befürchten, die Unterdrucksetzung von Anna werde publik? Weshalb wurde unser Gespräch mit der Mutter observiert?

Ein Schriftvergleich zwischen der Hotelanmeldung und dem anonymen Brief könnte mir möglicherweise weiterhelfen. – Frau Tanner, sie hat das Original! Vor mehr als vier Wochen hatte sie mir im Café eine Kopie davon versprochen. Seither habe ich nichts mehr von ihr gehört. Lange zögere ich, bis ich sie nochmals anrufe; ich möchte sie auf keinen Fall bedrängen. Doch dann versuche ich es am 11.11.1985.

Ich kenne Annas Mutter kaum wieder. Irgendetwas musste vorgefallen sein. Sie macht lange Atempausen, hat Mühe sich auszudrücken, ganz anders als vorher. «Ich möchte momentan nichts sagen», sagt sie, «die Sache mit dem anonymen Brief müsste ich... – ich müsste Zeit haben», fährt sie fort. Sie weiss um meine Vermutung. «Es ist jetzt noch etwas *Neues* hinzugekommen», erklärt sie nach einer Weile. Tiefes Aufatmen. Sie könne im Augenblick nicht darüber reden. Aber wenn es soweit sei, werde sie zu diesem Brief einen «Kommentar» abgeben. Es spiele jetzt wahrscheinlich ohnehin keine Rolle mehr.

«Wie meinen Sie, einen Kommentar?», frage ich. Wieder folgt eine lange Pause. «Ich weiss nicht, ich glaube nicht», sagt sie, «dass Ihre Vermutung zutrifft. Aber angenommen, ich würde den anonymen Brief trotzdem kopieren und Ihnen zustellen –, dann dürfte dies auf keinen Fall veröffentlicht werden. Auch nicht unser und nicht Annas Name, sonst würde ich gegen Sie eine *Klage* einreichen!»

Ich bin perplex. Das ist nicht mehr die gleiche Frau Tanner, die wir vor einem Monat getroffen haben. Eines wird mir klar: Sie weiss mehr (auch zum Brief?), als sie sagt. Das ist nicht mehr die besorgte Mutter, die mir die Unterlagen versprochen hatte. Die sich um ein gemeinsames Gespräch mit ihrem Ehemann bemühen wollte: Zusammen mit Betroffenen, vielleicht sogar in ihrer Wohnung. – Eine Klage? Wie kommt die Mutter auf solche Gedanken? Dann fährt sie fort: «Anna hat in ihrem Leben keine Ruhe gefunden, nun soll sie wenigstens im Tod ihre Ruhe haben!» – Ruhe? Anna soll jetzt ihre Ruhe finden? Dies klingt im Gegensatz zu «verlochen» auf einmal pastoral. – Ist die Seelsorgerin wieder mit im Spiel?

Plötzlich fragt mich Frau Tanner: «Wissen Sie eigentlich, wo die Polizei Annas Freund verhaftet hatte?»

«Ja», erwidere ich, «bei sich zu Hause.»

«Nein, das habe ich bisher auch gedacht, aber das stimmt eben nicht. Ich habe erst heute, ein Jahr nach der Verhaftung, von jemandem erfahren, dass Frank in einer andern Wohngemeinschaft aus dem Bett einer andern Frau verhaftet worden ist.»

«Haben die Beamten auch Anna darüber informiert?», frage ich.

«Möglich, ich nehme es an», fährt Frau Tanner fort, «...aber das hätte ich nie gedacht von Frank, dass er so einer war. Wenn Anna auch das noch gehört hatte, dann machte sie wahrscheinlich gerade mit allem Schluss. Das hätte ihr bestimmt noch den Rest gegeben!»

Das weitere erklärt mir die Mutter ziemlich exakt mit den Worten von Bezirksanwalt Peter Marti: Anna habe sich daraufhin wohl «innerlich von der Szene gelöst». Sie, Frau Tanner, vermute jetzt, dass dies auch der Grund sei, weshalb die Effekten (die ihr Marti übergeben hatte) weder Briefe noch Tagebuchnotizen enthalten hätten. Sie habe sich immer gewundert und lange Zeit darüber nachgedacht, weshalb Anna praktisch nichts hinterlassen hatte, aber jetzt sei ihr klargeworden: «Wenn Anna auch noch von Franks Verhaftung erfuhr, dann hat sie mit ihrer Vergangenheit wahrscheinlich endgültig und für immer gebrochen und alle Dinge, die damit zusammenhingen, weggeworfen.»

Ich möchte die Mutter überzeugen, dass es sich bei dieser «neuen» Geschichte um die alte Verhaftungslüge handelt. Es sei doch auffallend, dass sie diese Lüge erst ein Jahr nach der Verhaftung vernommen habe – kurz nachdem ich mit ihr ins Gespräch gekommen sei. Ich sei absolut sicher, dass Frank zuhause und nicht bei einer andern Frau verhaftet worden war. Es sei ausserdem nicht anzunehmen, dass Anna ihre Aufzeichnungen vernichtet habe; ich vermute eher, dass sie aus andern Gründen nicht bei den Effekten waren. Möglicherweise lägen die aufschlussreicheren Notizen (falls sie noch vorhanden seien) jetzt bei der Bundesanwaltschaft unter Verschluss.

Doch dies alles kann ich der Mutter jetzt nicht sagen; sie ist allzu aufgebracht. Ich frage sie nur, wer ihr denn «erst heute» diese Lüge erzählt habe? – Wieder macht sie eine Pause. Dann sagt sie: «Ich habe mit niemandem, mit absolut niemandem gesprochen.» Sie fürchte, durch die Sache mit dem anonymen Brief «in Teufels Küche» zu geraten. – Schwierig, ihr begreifbar zu machen, dass sie offensichtlich schon mitten drin steckt.

Noch am gleichen Abend rufe ich die Seelsorgerin an. Sie hatte schon früher, bei der stillen «Verlochung» und nach der offiziellen Version des Abschiedsbriefs, zwischen der Familie und den Untersuchungsbehörden «vermittelt». – Warum eigentlich sollte die Pfarrerin nicht wieder eingesetzt werden, wenn es um so heikle Dinge ging wie um diesen anonymen Brief.

Die Pfarrerin ist anfänglich ziemlich auskunftsfreudig. Auch bei ihr fallen mir die langen Pausen zwischen den Sätzen auf. – «Nein, ich habe mit Herrn Arbenz und Herrn Marti seit der Beerdigung Ende 1984 keinen Kontakt mehr gehabt», sagt sie. Erst viel später habe sie mit Arbenz einmal gesprochen: «Ganz privat, nicht über Annas Tod.» Auch Tanners hätte sie seit einem halben Jahr nicht mehr gesehen. Sie sei von Anfang an in dieser Sache stets äusserst zurückhaltend gewesen. Wie sich herausstellt, vor allem gegenüber den Leuten aus den Wohngemeinschaften und den Anwälten: «Wenn die damals zum Begräbnis gekommen wären, was wir befürchtet hatten», klärt sie mich auf, «dann hätte ich sie einfach links liegengelassen. Das habe ich mir vorher genau überlegt.»

Weshalb ich eigentlich ein Buch über diese Ereignisse schreibe? Soll dies wieder so eine Hetzschrift werden? Ob ich Schriftsteller sei? Wo ich sonst noch schreibe? – Ich gebe ihr genaue Auskünfte über das geplante Buch und begründe auch meine Besorgnis über die Strafverfahren. Ich sei nebenbei noch akkreditierter Gerichtsberichterstatter und schreibe nach wie vor mehr oder weniger regelmässig für den Tages-Anzeiger über Prozesse. – Nun möchte sie mich kennenlernen: «Wir müssten bei Gelegenheit einmal länger und ganz persönlich miteinander reden», schlägt sie vor. Sie rufe mich in den nächsten Tagen an.

Das Telefon klingelt schon am gleichen Abend. Sie wolle mich nun doch nicht treffen. Sie droht, falls ihr Name oder von ihr erteilte Auskünfte in meinem Buch erscheinen sollten, werde sie *Klage* einreichen. Dann legt die Seelsorgerin kommentarlos auf.

Strafklage? Habe ich diese Drohung heute nicht schon einmal gehört? Und diese Atempausen? – Einige Tage darauf rufe ich sie erneut an. Irgend etwas «Neues» musste doch auch bei der Pfarrerin vorgefallen sein. Sonst hätte sie ihr Vorhaben, mich «ganz persönlich» kennenzulernen, wohl kaum so abrupt und ohne Begründung abgebrochen. Nach dem dritten Telefongespräch verbleiben wir dann wieder so wie nach dem ersten: Sie rufe mich an, sobald sie in Zürich sei, und dann könnten wir uns vielleicht in einem Café näher unterhalten.

Zwei Wochen später ruft sie mich tatsächlich an. Ihr Ton hat sich wieder geändert. In der Zwischenzeit ist bei ihr schon wieder etwas «Neues» hinzugekommen: Ich hätte sie «angelogen». Ich sei ja gar nicht Gerichtsberichterstatter und schreibe auch nicht für den Tages-Anzeiger. – «Woher haben Sie das?», frage ich. Doch die Seelsorgerin weicht aus – wie zuvor Frau Tanner. Ich hänge ziemlich verärgert auf.

Eines Tages musste ich allerdings feststellen, dass meine schriftliche Akkreditierung beim Obergericht des Kantons Zürich in einem vom Schulfreund der Seelsorgerin über Anna angelegten Aktenbündel steckte.

Von Popopoi, die sich auf Frau Tanners Wunsch um das vermisste Goldketteli von Anna gekümmert hatte und die Mutter deshalb anrief, erfuhr ich, dass ich inzwischen auch bei Tanners zum Lügner geworden bin. Frau Tanner lasse mir ausrichten, dass sie sich nicht länger mit mir unterhalten wolle, nachdem ich die Pfarrerin angelogen hätte.

Hatte sich die Seelsorgerin bei ihrem Schulfreund

Arbenz über mich erkundigt und dort eine falsche Auskunft erhalten? Oder hat mein Auftraggeber wieder einmal (wie öfters bei hal.) die Mitarbeit eines kritischen Journalisten ungern erwähnt?

Mit Sicherheit war es die Pfarrerin, die mich bei Frau Tanner diffamierte, und mit Bestimmtheit spielte das Dreieck Bezirksanwaltschaft-Seelsorgerin-Eltern wieder wie einst bei Anna.

Wie sollte ich mich gegen diese Diffamierungen wehren? Das Naheliegendste war, mich einstweilen bei Popopoi genauer über ihr Gespräch mit der Mutter zu informieren. Ich möchte nicht gleich aufgeben; brauche nämlich von Tanners zumindest noch die versprochene Schriftprobe des anonymen Briefs.

Es ist der 20. November 1985, Jahrestag der Razzia, und zudem wird Popopoi heute fünfundzwanzig – ein weiterer Grund, sie an der Felsenhofstrasse aufzusuchen. Letztes Jahr hatte sie ihren Geburtstag im Gefängnis verbringen müssen. Auch sie war ohne konkreten Grund verhaftet worden; dafür sagte ihr die Polizeiassistentin noch während der Aufnahme der Personalien: «Aha – Sie haben heute Geburtstag, gratuliere!»

Wie ich in Winterthur ankomme, laufen die letzten Vorbereitungen für die Demonstration vom kommenden Samstag. Ein Jahr danach soll nochmals öffentlich gegen die Isolationshaft von Frank und George protestiert werden. George hat nach siebenmonatiger Haft seinen Verteidiger noch nie unbeaufsichtigt gesehen; er vegetiert auf knapp zehn Quadratmeter im Winterthurer Bezirksgefängnis dahin. Sein Verteidiger schrieb dazu als «Hofnarr» einen vierzehnseitigen offenen Brief an den zuständigen Bezirksanwalt, «König» Arbenz: «Trotz meiner Ernennung zum amtlichen Verteidiger kann ich mein Amt nicht ausüben. George kann mir seit Monaten nichts zu seiner Verteidigung sagen, es sei denn, er würde auf sein Recht auf Aussageverweigerung verzichten. Nach Monaten hat George immer noch keine Kenntnis der Akten, denn ich darf ihm die wenigen Aktenstücke, die mir gezeigt wurden, nicht zeigen. Eine der bedeutendsten Aufgaben des Strafverteidigers besteht darin, zum Schutz von Recht und Freiheit der Staatsgewalt entgegenzutreten, denn dieser wohnt die Tendenz inne, von ihrer Macht unbändigen Gebrauch zu machen. Es ist die Aufgabe des Strafverteidigers, dieser Tendenz Einhalt zu gebieten, die Macht in ihre rechtsstaatlichen Schranken zu weisen und Sie, Herr Bezirksanwalt, als Vollmachtsträger des Staates an diese Schranken zu erinnern. Doch Sie haben mir die Mittel dazu genommen. Sie haben Recht und Freiheit im Endeffekt zu Feinden des Untersuchungszwecks erklärt, den Rechtsstaat zum Feind des Staates und mich zum Hofnarr gemacht, der dem König keinen Spass mehr bietet. Dagegen muss ich aufs entschiedenste protestieren.»

Frank darf im Untersuchungsgefängnis Regensdorf auf ebenso wenig Quadratmetern wie George in Winterthur UKW nicht empfangen, weil er angeblich über das Alternativradio LoRa mit andern «Wintis» kolludieren könnte. So jedenfalls begründete sein Untersuchungsrichter, Bezirksanwalt Marti, die Verweigerung eines Empfangsgeräts. Während Franks Verteidiger seit einiger Zeit unbeaufsichtigten Kontakt hatte und ihm alles – so es kein Wanzen hat – ungestört hätte sagen können.

Flugblätter und Broschüren protestieren gegen «die Untersuchungsbehörden, die sich mit Unterstützung des Rechtsbürgertums und ihrer Presse jede Willkür leisten können: eine Jagd auf die Opposition, die für eine autonome Frau tödlich endet.»
Die Demonstration vom Samstag wird zum Spiessrutenlaufen entlang eines beweglichen Polizeikordons mit Gummigeschoss- und Trängengasgewehren. – Schon heute, drei Tage zuvor steht an jeder grösseren Winterthurer Kreuzung ein Streifenwagen. Während wir im Verlauf des Abends mit Popopois ausgeliehenem Citroën durch die Stadt fahren, werden wir abwechslungsweise von Privatwagen und Streifenwagen durch die Stadt verfolgt, als hätten wir soeben die Nationalbank geknackt. Auf der Rückkehr nach Winterthur-Veltheim, kurz vor der Felsenhofstrasse, können sie es nicht mehr lassen. Eine Streife überholt und zwingt uns zum Anhalten. Ausweiskontrolle. «Wer sind die beiden

Mitfahrerinnen?» – «Ausweise bitte!» Sie haben als Winterthurerinnen selbstverständlich keinen bei sich. Die beiden Frauen sagen ihre Namen. – «Schon gut, die kennen wir ja.» Das Auto wird untersucht: Kofferraum und Wageninneres; eine Taschenlampe leuchtet unter die Karrosserie. «Die vorderen Reifen gelegentlich auswechseln!» – «Wie steht es mit dem Bremslicht?» – «Und jetzt die Blinker, rechts, links, Abblenden, Vollicht, Standlicht.» Einer der beiden Uniformierten nimmt meinen Führerausweis und den Fahrzeugausweis (Popopoi hat ihn wieder) mit in den Streifenwagen. Es dauert eine Viertelstunde, bis er zurückkehrt: «In Ordnung, Sie können weiterfahren.»

An der Felsenhofstrasse sitzt Popopoi gedankenverloren in ihrem Zimmer. Blumen vermögen sie nicht aufzuheitern. Es ist kalt; die Sicherung durchgebrannt, der Ofen aus. Sie grüsst mich kaum. Es ist ihr nicht ums Feiern. Nach einer Weile beginnt sie zu erzählen, wie es damals war, als sie ihren Freunden und Freundinnen Päckli ins Gefängnis bringen wollte: «Eine Schweinerei war das! Ich rief bei der zuständigen Stelle an und fragte, wann ich sie vorbeibringen könne. Der Beamte nannte mir einen Termin. Doch als ich zur vereinbarten Zeit erschien, hiess es im Bezirksgebäude: ‹Keine Zeit, später vorbeikommen!› – Wann, sagten Sie nicht. Ich rief dreimal an, bis ich einen neuen Termin erhielt. Wieder ging ich hin, und wieder wimmelten sie mich ab.

Auch den andern ist es so ergangen. Jede Kleinigkeit im Verkehr mit dem Gefängnis wurde zu einer komplizierten und anstrengenden Angelegenheit. Die wollten uns fertigmachen, damit es uns von selbst verleide.

Ich sehe Frau Tanner noch vor mir. Langsam kam sie mit Arbenz die Treppe herab. Sie fragte, wann sie ihre Tochter das nächste Mal besuchen dürfe. – ‹Ja ja, schon gut, Frau Tanner, wir geben Ihnen Bescheid›, sagte Arbenz, ‹Sie müssen begreifen, wir haben jetzt sehr viel zu tun›. Aber Annas Mutter schien in echter Sorge und wollte sich nicht abwimmeln lassen. Ich weiss nicht, wieviele Male sie schon vorgesprochen hatte. Sie fragte jedenfalls immer wieder dasselbe: Wann sie denn endlich ihre Tochter sehen dürfe. Schliesslich blieb sie auf dem letzten Treppenabsatz stehen – ‹Kommen Sie jetzt, Frau Tanner!›, drängte Arbenz, es wird schon alles gut gehen, haben Sie keine Angst, Ihrer Tochter geschieht nichts!›

Da die Mutter aber stehengeblieben war, trat Arbenz hinter sie, hob die Hände und schob sie mit abwehrenden Gesten förmlich vor sich her. Die Erinnerung ist entsetzlich. Beim Ausgang öffnete er ihr die Tür: ‹Gehen Sie jetzt nach Hause, Frau Tanner! Wir werden Sie schon rechtzeitig anrufen! Seien Sie unbesorgt!›»

Popopoi zündet eine Kerze an und fragt mich, ob ich weitergekommen sei mit meinen Recherchen?

Ich orientiere sie über das «Neue», das bei der Seelsorgerin hinzugekommen ist und frage sie, weshalb ich bei Frau Tanner zum Lügner geworden sei, nachdem sie mit der Seelsorgerin gesprochen hatte?

«Was fragst du noch, du hast es doch gehört! Zuerst Anna, dann Frank und George – und dann die Mutter mit der Verhaftungslüge und die Pfarrerin mit der Gerichtsberichterstatterlüge... – Jetzt bist Du an der Reihe!»

Lange hocken wir wortlos da. Uns fröstelt. Was sollten wir noch sagen? Darüber debattieren, ob es ein Selbstmord war, ein Mord, ein Systemmord, ein systematischer Justizmord – oder was? Die Hintergründe des Todes waren eindeutig: Das Establishment einer Industriestadt war mit Sachbeschädigungen angegriffen worden, Rechtsfreisinn und bürgerliche Kreise hatten Härte gefordert, und deren treue Diener, die Behörden, erfüllten diese Forderung mit besessenem cinceristischem Übereifer und im Fall von «ev. V.» und dem «Mann vom Kanton» mit Raffinesse und Perfidie.

Braucht noch irgend jemand einen weiteren Hinweis? Möchte jetzt noch irgend jemand Anna sehen? Den Vorverurteilten, Frank, zur Leichenschau begleiten? Zusammen mit den beiden Grenadieren der Polizei, die den Freund der Toten handschellengefesselt in ihrer Mitte zu ihr führen? Will noch jemand auf dem Weg zur Aufgebahrten das Gelächter der Grenadiere hören?

«Weisst du eigentlich», sagt Popopoi zum Abschied unter der Türe, «woher das Märchen von Franks Verhaftung stammt?»

«Ich vermute es.»

«Ich weiss es», sagt sie, «zuerst hatten die Eltern meiner Freundin davon erfahren – kurz nach der Razzia. Margrits Vater hat Beziehungen zu den Behörden. Und da er anfänglich über die Verhaftung seiner Tochter so wenig wusste wie die andern Angehörigen, erkundigte er sich bei einem Parteikollegen auf der Bezirksanwaltschaft, wie es um Margrit stehe. Er erfuhr, in welchem Gefängnis sie war und dass man sie mit Frank zusammen in der gleichen Wohngemeinschaft verhaftet habe. Darüber unterrichtete mich Margrits Mutter, aber ich wusste, dass es nicht stimmen konnte. Sie glaubte mir lange Zeit nicht; viermal sprach sie mich darauf an. Auch Albert hatte sie darauf angesprochen. Dabei hat Margrit in der Razzianacht bei mir zuhause geschlafen. Unmöglich, dass sie mit Frank zusammen war.»

«Und – wer war dieser Parteikollege bei der Bezirksanwaltschaft?»

«Marti!»

«Bist du ganz sicher, Bezirksanwalt Peter Marti?»

«Ja, Marti, dieses...!»

«Wusstest Du», frage ich sie, «dass Marti bei Franks Verhaftung in Winterthur-Seen selber dabei war?»

Popopoi wusste es nicht, und so hat ihr, wie

schon ein Jahr zuvor, ein weiteres Winterthurer Ereignis den Geburtstag gründlich verdorben.

Einige Tage darauf – inzwischen hat mir Margrit den Sachverhalt aus erster Hand bestätigt – liegt eine Abholungsaufforderung für eingeschriebene Post im Briefkasten. Wohl etwas Unangenehmes. Als ob ich nach der Neuigkeit über Marti nicht schon eine ganze Menge Unangenehmes zu erledigen hätte. Zum Beispiel Marti anrufen, um ihn zur Rede zu stellen.

Doch bevor ich dazu komme, ruft er mich Anfang Dezember 1985 von selber an. Ich soll aufhören, Annas Familie mit meinen Nachforschungen zu belästigen. Frau Tanner fühle sich unter Druck gesetzt und habe sich deshalb «hilfesuchend» an ihn gewendet.

Ich glaube ihm nicht. Die Mutter wusste zwar eine Zeitlang, dass ich angeblich nicht Gerichtsberichterstatter bin, aber der Sachverhalt war inzwischen richtiggestellt und zudem hatte sie mir erneut den anonymen Brief versprochen. Ohne Beeinflussung über das Bermudadreieck hätte sich die Mutter – wenn überhaupt – direkt an mich gewendet; von Unterdrucksetzung oder Belästigung war nie die Rede zwischen uns. Belästigt fühlte sie sich allenfalls durch die Konfrontation mit den Methoden der Untersuchungsbehörden. – Waren Martis warnende Worte am Telefon bloss wieder eine neue Unterdrucksetzungslüge?

Marti hatte mich schon früher im Zusammenhang mit der Bewilligung eines Besuchs bei Frank schriftlich beschuldigt, ich wolle den Vorverurteilten nur besuchen, um in den Winterthurer Verfahren «umezgusle» und in Buchform «Profit» daraus zu schlagen. Derweil ich auf Sparflamme meine ausbezahlten Pensionskassengelder aufzehrte. Marti liess bei den Bewilligungen für Gefängnisbesuche auch keine Gelegenheit aus für irgendwelche Schikanen, bis er sie mir unter einem Vorwand ganz verweigerte.

«Herr Marti», sage ich, «das stimmt doch nicht, was Sie da erzählen von Annas Mutter!»

«Doch», erwidert er, «Frau Tanner hat sich bei der Amtsstelle gemeldet.»

Zuerst bei ihm, dann bei der Amtsstelle... ich glaube ihm auch das nicht; habe im Augenblick aber keine Lust mehr, mich über seine Prosa zu streiten und lege auf. Marti, vermute ich, fürchtet sich vor meinen Recherchen, zumindest sind sie ihm höchst unangenehm. Er befürchtet offenbar insbesondere die Herausgabe des anonymen Briefs, denn dies war das einzige, was ich von Frau Tanner noch wollte.

Einige Tage nach Martis Anruf hole ich auf der Post den eingeschriebenen Brief; er kam von der Seelsorgerin: «Ich nehme Bezug auf unser Telefongespräch und untersage Ihnen hiermit ausdrücklich meinen Namen, Beruf und meine Adresse sowie von mir gegebene Auskünfte in irgendeiner Form öffentlich zu verwenden, sei es nun in einem Buch, einer Zeitung oder einer andern Form von Veröffentlichung. In diesem Verbot eingeschlossen ist meine ganze Familie. Ich hoffe auf Ihr Verständnis und grüsse Sie freundlich (...) Kopie an den Verlag.» – Der Verlag hat nie eine bekommen.

Datiert ist der Brief vom 29. November 1985. Also kurz bevor Marti mich angerufen hatte. – Aber wann ist er wirklich abgeschickt worden? Nun bin ich schon so weit in diese Bermudasache hineingeraten, dass ich mir eine Lupe hole, um das unleserliche Datum auf dem Poststempel zu entziffern: 2. Dezember. Demnach hat die Pfarrerin das Schreiben drei Tage liegengelassen. – Warum konnte sie sich nicht entschliessen, den Brief abzuschicken? Hat sie sich noch mit jemandem absprechen müssen? Mit wem? Ich blättere in meiner Agenda: Marti hat mich ebenfalls am 2. Dezember angerufen! – Zufall?

Nun sticht mich der Hafer. Kurzentschlossen rufe ich Marti an und frage, wer sich denn nun wirklich «hilfesuchend» an ihn gewendet habe, um sich über mich zu beschweren – Frau Tanner selber oder etwa die Seelsorgerin? – Nach einigem Hin und Her gibt Marti endlich zu, dass es die Pfarrerin war. Marti hatte demnach am 2. Dezember gelogen. – Bleibt bloss noch die Frage, welche Erklärung er für die Kolportage der Verhaftungslüge gegenüber seinem Parteifreund findet.

Er hat «mit niemandem» über die Verhaftung und das Verfahren von Margrit gesprochen. «Das wäre gar nicht möglich», sagt Marti am Telefon, «Margrit war volljährig, und allein aus diesem Grund hätte ich auf gar keinen Fall mit ihrem Vater darüber reden dürfen.» – Tatsächlich: Margrit hatte der Bezirksanwaltschaft nach ihrer Verhaftung schriftlich gegeben, sie lehne eine Benachrichtigung der Eltern ab. Doch ist – angesichts der bisherigen Erfahrung – daraus zu folgern, dass Marti dies wirklich auch unterlassen hatte?

Ich entschloss mich, Martis Behauptung bei Margrits Eltern zu überprüfen. Denn letztlich ging es immer noch um die Frage nach den Untersuchungsmethoden in Annas Verfahren, insbesondere um die Frage, ob ihr allenfalls Marti im Gefängnis die Verhaftungslüge erzählt hatte, die ihr dann «den Rest gegeben hätte». Im Verlauf von zwei Telefongesprächen und zwei Besuchen, einer im Beisein eines Anwalts, bestätigte man mir folgendes: «Marti erklärte Margrits Vater unmittelbar nach der Razzia vom 20. November 1984 auf Anfrage, seine Tochter befinde sich zur Zeit im Bezirksgefängnis Andelfingen. Sie habe die Nacht mit dem Hauptbeschuldigten (Marti nannte Franks Übernamen) gemeinsam in der Wohngemeinschaft an der Neuwiesenstrasse verbracht und sei dort mit ihm zusammen verhaftet worden. Marti hatte aber betont, er sage dies nur aus Gefälligkeit, damit wir im Bilde seien, wie es um unsere Tochter steht. Marti hat uns wirklich einen Gefallen getan, damit wir die Verhaftung begriffen. Später ist es Marti damit nicht mehr wohl gewesen, denn einige Zeit danach erklärte er uns, er sei mit seiner Auskunft fast ein bisschen zu weit gegangen; er habe fast ein bisschen zuviel gesagt. Als wir später erfuhren, dass unsere Tochter an einem ganz andern Ort festgenommen worden war und auch nicht zusammen mit Frank, dachten wir, das Ganze beruhe wohl auf einem Missverständnis. Wir liessen die Angelegenheit ruhen und dachten, Marti sei möglicherweise falsch informiert gewesen.»

Zwei Tage nach den Warnungen von Marti und Seelsorgerin erhielt ich vom Tages-Anzeiger einen Brief, der mir Popopois ernüchternde Feststellung bestätigen sollte: Jetzt war ich an der Reihe.
«Lieber Herr Schmid», schrieb Chefredaktor Peter Studer am 4. Dezember 1985, «die Bezirksanwaltschaft Winterthur vermutet, dass Sie Angehörige von Gefangenen belästigen (...) und sich mit Ihrer Mitarbeit beim TA einführen, um Informationen für Ihr Buchprojekt zu erhalten. Vorsorglich bitte ich Sie, bei der Erwähnung des TA nicht weiter zu gehen, als es Ihrem heutigen Verhältnis, freier und gelegentlicher Mitarbeit entspricht. Alles andere ist Ihre Sache.»
Ich bemühte mich beim Tages-Anzeiger um die Herausgabe von Martis Diffamierungsbrief. Vergeblich. Studer antwortete, es handle sich keineswegs um einen Einschüchterungsversuch, und mit seiner Antwort an Marti sei die Angelegenheit für ihn erledigt. Darauf ersuchte ich ihn erneut, den Brief auszuhändigen. Diesmal antwortete Studer am

10. Dezember: Er sehe keine Notwendigkeit für ein Gespräch mit mir über meine «persönlichen Beziehungen» zur Bezirksanwaltschaft Winterthur. Von ihm aus sei alles klar, ausser ich würde als Buchautor «eine derart einseitige Brandpolemik gegen die Justiz entfachen, dass eine Gerichtsberichterstattung für den Tages-Anzeiger nicht mehr sinnvoll» wäre. Das Diffamierungsschreiben von Marti erhielt ich nicht.

Ich versuchte es nun bei Marti – und erhielt folgende Antwort: «Was mein Schreiben an Studer betrifft, habe ich es im Moment nicht gefunden (...) Ich bin mir nicht ganz sicher, ob ich mir damals eine Kopie davon angefertigt habe (...) Sollte mir das Schriftstück aber in die Finger kommen, werde ich es ihnen zustellen.»

Darauf schickte ich eine Kopie dieser Absichtserklärung an Studer, in der Hoffnung, seine Bedenken gegen eine Herausgabe endlich zerstreuen zu können. Keine Antwort. Ich liess nicht locker, bis ich dann gut zwei Monate nach meiner ersten Anfrage endlich das Schreiben der Bezirksanwaltschaft erhielt; Marti scheint die Kopie ziemlich rasch gefunden zu haben.

Martis stil./orth. Meisterwerk vom 3. Dezember 1985: «Schmid gibt sich als akkreditierter Gerichtsberichterstatter für den Tages-Anzeiger aus. Abklärungen haben ergeben, dass Herr Schmid tatsächlich beim Obergericht des Kantons Zürich akkreditiert ist. Herr Schmid will offenbar ein Buch über die sog. Winterthurer Ereignisse herausgeben. In diesem Zusammenhang bemüht er sich, mit Angeschuldigten, deren Eltern und anderen Personen in Kontakt zu kommen. So setzte er alles daran, eine Besuchsbewilligung beim noch inhaftierten Frank in Regendorf zu erhalten. Aus direkter Mitteilung wissen wir, dass sich Herr Schmid auch bei der Mutter von Anna, welche sich im Dezember 1984 in der Untersuchungshaft in Winterthur das Leben nahm, gemeldet hat.

Auch dort – wie an andern Orten – gab er sich als Gerichtsberichterstatter des Tages-Anzeigers aus und setzte Frau Tanner offenbar derart unter Druck, dass sich diese Frau hilfesuchend an unsere Amtsstelle wandte. Es scheint, dass sich Herr Schmid sehr gerne dann der Bezeichnung akreditierter Gerichtsberichterstatter bedient, wenn er von Leuten Informationen erhältlich machen will, die er sonst allenfalls nicht erhalten würde. Mithin erweckt er bewusst den Eindruck, als ob ein akreditierter Gerichsberichterstatter besonders vertrauenswürdig sei. Ich ersuche Sie daher höflich, uns mitzuteilen, ob Herr Schmid nach wie vor vom Tages-Anzeiger als akreditierter Gerichtsberichterstatter eingesetzt wird. Ebenso interessiert die Frage, ob es aus Ihrer Sicht angängig ist, dass sich Herr Schmid für private Zwecke (Herausgabe eines Buches) dann der Bezeichnung akreditierter Gerichtsberichterstatter bedient, wenn er sich dadurch

Vorteile erhofft. Für Ihre baldige Antwort bedanke ich mich im voraus bestens und verbleibe mit vorzüglicher Hochachtung, Bezirksanwaltschaft Winterthur, lic. iur. P. Marti.»

Wer hatte sich nun bei Martis Amtstelle über mich beschwert? – Eine direkte Mitteilung? – Frau Tanner? – Die Seelsorgerin?

Einige Wochen vor Weihnachten 1985 rief ich die Pfarrerin an. Sie dementiert mit aller Schärfe: Wenn Marti erkläre, sie habe sich an die Bezirksanwaltschaft gewendet, so sei dies nicht wahr. Sie habe zwar einmal mit Arbenz in einem andern Zusammenhang über private Dinge gesprochen. Aber falls Marti beim Tages-Anzeiger etwas unternommen hätte, dann wäre ich «verseckelt» worden. – Hübsches Wort für eine Pfäffin, dachte ich, wählte darauf die Nummer von Frau Tanner, und fragte auch sie, ob sie sich (wie Marti anfänglich behauptet, dann dementiert und schliesslich gegenüber dem Tages-Anzeiger wieder schriftlich bestätigt hatte) über mich beklagt habe.

«Wie bitte?» höre ich Frau Tanner. «Wie sagten Sie? – Ich soll mich bei Bezirksanwalt Marti über Sie beklagt haben? Das ist ja unerhört! Das letzte Mal habe ich mit Bezirksanwalt Marti wegen Annas Effekten zu tun gehabt. Das ist schon sehr lange her. – Wie kommen die dazu, so etwas zu behaupten! Das ist doch die Höhe!» Wieder regt sich die Mutter auf, und wieder geht es um Methoden der Winterthurer

Untersuchungsbehörden. Ich versuche sie zu beruhigen und erinnere sie dann nochmals an die versprochene Kopie des anonymen Briefs. Darauf die Mutter: «Es war ein Fehler, dass ich Ihnen diesen Brief versprochen habe. Seit Ihrem ersten Anruf ist nämlich der Teufel los. Wenn ich jetzt noch mehr über Annas Tod erfahre, dann würde mich dies noch stärker belasten. Am liebsten hätte ich auch die Sache mit Franks Verhaftung gar nie erfahren.»

Die Mutter scheint noch immer an die Verhaftungslüge zu glauben. Sie habe stets grössere Mühe bekommen, klar darüber nachzudenken. Schliesslich sei es schlimmer und schlimmer geworden: «Bis ich die Seelsorgerin um Rat gefragt habe. Aber sie sagte mir bloss, man solle die Angelegenheit besser ruhen lassen; Anna solle ihre Ruhe finden.»

Plötzlich fragt mich die Mutter, ob hinter dem Verlangen nach dem anonymen Brief ein «Komplott» der Anwälte stecke.

«Wie kommen Sie darauf?»

«Heute morgen», fuhr Frau Tanner fort, «als ich zur Arbeit ging und aus dem Garten vor dem Haus auf die Strasse trat, da...» Klick. – «Mist!» Ich stehe in jener Telefonkabine, die ich spätestens seit Martis «direkten Mitteilungen» benutze, und nun ist die letzte Münze verbraucht! Ich eile über die Strasse, wechsle neue und rufe nochmals die Mutter an. – Eine Unterdrucksetzung?

«Ich bin froh», sagt sie, «dass sie nochmals anrufen. Ich war also auf der Strasse, da stand ein Wagen vor dem Haus. Er folgte mir. Ich machte einen Umweg, aber er folgte mir weiter. Wo immer ich abbog, bog auch der Wagen ab. Zwei junge Männer sassen darin. Bei der Hauptstrasse ging ich ein Stück stadtauswärts. Dort stand ein dritter am Strassenrand. Er winkte dem Wagen, dann stieg er ein. Wieder bog ich ab. Doch der Wagen fuhr stets im Schrittempo hinter mir her. Ich sollte dies wohl nicht merken. Er hielt Abstand. Aber der Fahrer hatte vergessen, das Parklicht zu löschen. Ich sah immer wieder dieses Parklicht. Am Arbeitsplatz holte mich der Wagen ein. Ich schaute hin. Die Kerle hatten das Seitenfenster heruntergekurbelt und grinsten jetzt frech zu mir herüber. – Wissen Sie, das war nicht das erste Mal», erklärt die Mutter, «sonst würde ich es Ihnen nicht erzählen. – Ich habe Angst. Am liebsten würde ich alles, den anonymen Brief, einfach alles in den Ofen schmeissen. Dann hätte ich wohl endlich Ruhe.»

Noch zweimal holte ich Kleingeld. Es war ein sehr langes Gespräch geworden; ich wusste, es sollte im Zusammenhang mit meinen Recherchen mein letztes mit der Mutter sein. Ich kapitulierte. Hatte genug vom Ringen um Informationen über die Hintergründe von Annas Tod im Gefängnis, denn nun drohte auch noch die Mutter Opfer der Umstände zu werden.

Wenige Tage vor Weihnachten – das Bermudadreieck scheint sich auf ein Viereck ausgedehnt zu haben – rief mich Thomas Biland vom Tages-Anzeiger an. Er war im Herbst 1985 – laut Peter Studer nicht von ihm, sondern von Generaldirektor Hächler – gegen den Willen der Redaktionsmehrheit als Redaktionsleiter eingesetzt worden. «Sie müssen entschuldigen», erklärte Biland, «dass ich solange gewartet habe.» Es ging um meinen neuen Arbeitsvertrag. Die Redaktion, höre ich, hat vorerst noch «grundsätzlich» über den weiteren Umfang der Gerichtsberichterstattung diskutieren wollen. Er könne mir jetzt noch nichts Definitives sagen, ausser dass sich an der Absicht, meinen Vertrag zu erneuern, nichts geändert habe. Damit war ich zufrieden, wünschte Biland frohe Festtage und wollte auflegen. Der neue Redaktionsleiter gab die Wünsche zurück, fragte aber noch freundschaftlich und nebenbei: «Wann sind Sie eigentlich fertig mit Ihrem Buch?» Und darauf: «Sie haben doch sicher auch Verständnis dafür, dass wir da gewisse Befürchtungen haben. Weil Ihnen als Schreiber das Temperament gelegentlich einmal durchbrennt. – Von daher ist es sicher ein guter Rat von Peter Studer, dass Sie da Ihr Temperament ein bisschen zügeln – oder!»

Biland versprach mir, spätestens Mitte Januar wieder anzurufen, hat aber bis heute nicht angerufen.

Einige Tage danach bestätigte mir ein altgedienter Redaktor (lv.), verantwortlich für die Gerichtsberichterstattung, dass die Chefredaktion mit meinem neuen Arbeitsvertrag abwarten will, bis das Buch über Winterthur erschienen ist. Väterlich riet er mir, ich solle doch nicht dauernd so heisse Eisen anfassen wie diese Winterthurer Ereignisse. «Da verbrennst du dir doch bloss die Finger, merkst du das denn nicht! Schreib doch lieber mal – wie die andern – übers Sexgewerbe! Dann bekommst du erstens keine Lämpen, und zweitens erhältst du dann vielleicht sogar einmal ein Gratisabonnement bei so einer leichten Dame – oder!»

Inzwischen ist der Todestag von Anna herangerückt. Ich bin für einen Besuch bei Franks Eltern verabredet; sie haben mir etwas Wichtiges mitzuteilen. Es ist schon spät. Ihr Haus liegt in Winterthur-Seen gegenüber der früheren Wohngemeinschaft. Die Strassen sind ausgestorben, die Lichter erloschen, die «Wintis» aus der Wohngemeinschaft längst ausgezogen. Dennoch markiert ein Streifenwagen Präsenz. Die Eltern glauben, die Anwesenheit der Polizei gelte ihnen und hätte mit Annas Todestag zu tun. Immerhin wird auch ziemlich genau zum gleichen Zeitpunkt, wie ich bei den Eltern eintrete, Andy am Obertor 17 zusammengeschlagen. – Zufall?

Franks Mutter hat vor einigen Tagen bei Annas Mutter angefragt, ob sie ihr über diese schlimmen Tage hinweg behilflich sein könne. Doch Frau Tanner habe abgewunken. Ihr und ihrem Ehemann müsse niemand mehr helfen, habe sie gesagt. Es gehe ihnen nun wieder gut. Sie wollten sich von allem lösen. Annas Mutter habe ihr schliesslich folgendes für mich ausrichten lassen: Ich solle sie nicht mehr anrufen, ich hätte die Seelsorgerin nämlich doch angelogen. Und den anonymen Brief hätten Tanners jetzt nicht mehr. Alle (Wer ausser mir?) hätten immer nur von diesem Brief geredet. Ihr Ehemann hätte daraufhin Bezirksanwalt Marti angerufen und ihn gebeten, er solle den anonymen Brief bei ihm im Milchkasten abholen. Nach einer halben Stunde sei der Milchkasten leer gewesen.

PS

Einzig der «Hofnarr» des «Königs», wie sich Georges Verteidiger in seinem offenen Brief an Bezirksanwalt Ulrich Arbenz genannt hatte, war noch legitimiert, Klarheit zum anonymen Brief zu fordern. Anna hatte George im letzten Marathonverhör mit einem angeblich in der Küche abgefassten «Bekennerbrief» vage belastet. – Gab es diesen «Bekennerbrief» überhaupt? Er wurde nie aufgefunden. – Hatte Anna damit bloss eine gewünschte Antwort gegeben, um sich vom Acht- bis Neunstundenstress zu befreien? Damit die Beamten aus Bern nicht nach Hause gehen mussten, ohne weitergekommen zu sein? War die Aussage gegen George unter Druck, unter dem Druck des anonymen Briefs entstanden? – Prozessual relevante Fragen für den «Hofnarren».

Der «Hofnarr» beantragte Anfang 1986 die Einvernahme von Zeuginnen und Zeugen zu Fragen des anonymen Briefs und zur Verhaftungslüge. Der «König» lenkte *formell* ein und zitierte am 28. April zuerst mich, dann Frau Tanner, am 12. Mai Kantonspolizist B. (Aufsichtsbeamter beim Besuch der Verteidigerin bei Anna) und am 18. Juli als letzte die

Verteidigerin nach Winterthur. *Informell* hatte «König» Arbenz Frau Tanner und Kantonspolizist B. über ihre Zeugeneinvernahme instruieren lassen. Im Gegensatz zur Verteidigerin und mir.

Das riesige Schreibpult war jetzt weniger sauber aufgeräumt wie am 18. Dezember 1984, als sich die Verteidigerin an jener Stelle, wo ich nun sass, unbedingt hätte setzen sollen. Sicher lag in diesen Papierbergen irgendwo der Martibrief an Studer, der die Frage nach meiner «Akreditierung» beantwortet hatte. Dennoch fragte mich Arbenz, ob ich tatsächlich akkreditierter Gerichtsberichterstatter sei.

Der «König» wollte von mir nicht wissen, wie die Vermutung entstanden war, dass Kommissär V. den anonymen Brief verfasst hatte. Er wollte lieber hören, ob ich «Kontakte zu den Anwälten» und «Einsicht in Akten» gehabt, und vor allem, ob mir Frau Tanner den anonymen Brief ausgehändigt hätte. – Woher wusste Arbenz, dass mir die Mutter diesen «Untersuchungsgegenstand» versprochen hatte?

Der «König» tat so, als wüsste er nichts von den Aktivitäten des «Hofs». Nur, elf Tage zuvor hatte Wachtmeister M. von der Kantonspolizei «im Auftrag von Arbenz» (Erhebungsbericht vom 22. April) «im Zusammenhang mit diesem Brief» bei Frau Tanner nicht näher bekanntgegebene Dinge abgeklärt. Doch Wachtmeister M. rapportierte Frau Tanner nicht zur Brieffrage, sondern mit einer Anspielung auf meine Recherchen. Die Mutter habe ihm am Telefon erklärt, «dass sie und ihr Ehemann mit dem ganzen Umfeld, welches entscheidend für den Tod ihrer Tochter verantwortlich gemacht werden müsse, abgeschlossen hätte».

In ihrer Einvernahme vom 28. April gab die Mutter allerdings eidesstattlich zu Protokoll: «Ich würde auch gern viel sagen, ich habe einfach kapituliert. Ich habe Erich Schmid auch gesagt, dass man in Bern und Winterthur versagt habe...» – Hatte Wm M. widersprüchlich telefonrapportiert, oder hat die Mutter im Zeugenstand nicht die Wahrheit gesagt?
    Nachdem Wm M. der Mutter zuvor ausserdem «Journalist*en*» und «Anwält*e*» in den Mund gelegt hatte, die «versucht» hätten, Anna «in ein schlechtes Licht zu setzen», tippte ich auf Widersprüche bei Wm M. – nicht zuletzt weil die Mutter bloss mit *einer* Anwältin, Annas Verteidigerin, und *einem* Journalisten, mit mir, gesprochen hatte.

Die Einvernahme von Frau Tanner brachte eine erste Überraschung. Plötzlich zog sie den anonymen Brief aus ihrer Tasche und reichte ihn zu den Akten. – Wie war sie wieder in Besitz dieses Briefs gelangt? War sie tatsächlich, wie sie mir mehrmals gesagt hatte, «in Teufels Küche» geraten, wo Gegenstände mal verschwinden, mal auftauchen? Welcher «Teufel» hatte den Brief aus dem Milchkasten heraus zu Marti und von dort zurück zur Mutter und wieder aufs Pult des «Königs» befördert?

Der «Hof» hatte die Mutter gut instruiert. Obschon sie als Zeugin (im Gegensatz zu Angeschuldigten) kein Recht auf Aussageverweigerung hatte, nannte sie, als zweite Überraschung, den Namen jener Person nicht, die ihr im November 1985 – ein Jahr danach – die Verhaftungslüge erzählt hatte. Sie sagte bloss: «Es war jemand, der mich gut mag, der mir helfen wollte, es war ein ganz seriöser rechtschaffener Mann. Vielleicht hat er Angst, ich wolle etwas beschönigen oder Frank helfen, dabei wollten wir Ruhe von allem. Der Zusammenhang (der Kolportage, der Verf.) war übrigens der, dass ich Frank in Schutz nehmen wollte und dass nur Anna und Frank wüssten, was gewesen sei. Der Mann hat mir gesagt, Frank habe Anna schlecht behandelt und sei auch brutal gewesen.»
Genau dasselbe hatte Bezirksanwalt Marti Frank in der Untersuchung vorgeworfen, bis die Verteidigung «gegen die Befragung zu sachfremden Themen» Einspruch hatte erheben müssen. – War Marti der «seriöse rechtschaffene Mann»?

«König» Arbenz versuchte der Mutter zu erklären, dass die Verhaftungslüge nicht zutreffe, aber sie glaubte weiter daran. «Etwas muss ja wahr sein...», steht dazu ganz am Ende ihres fünfzehnseitigen Einvernahmeprotokolls vom 28. April 1986.

Am 12. Mai trat der Aufsichtsbeamte B. von der Kantonspolizei in den Zeugenstand, auch er offensichtlich instruiert. Auf die Frage nach der Rolle des anonymen Briefs in den Verhören sagte B.: «Im Bezug auf den Brief kann ich mich nicht mehr erinnern, d.h. ich habe in meinen Unterlagen, die ich *vor* der heutigen Einvernahme durchgesehen habe, eine Notiz gefunden, die Bezug nimmt auf diesen Brief. (...) Anna hat etwas von einem Brief erwähnt, einem anonymen Brief, der an sie gerichtet war, und in welchem Frank vorgekommen sein muss.»

«Wissen Sie, weshalb dieser Brief beim Besuch erwähnt worden ist?»

B.: «Das weiss ich nicht».

Ob sich Anna bei ihrer Verteidigerin am 6. Dezember 1984 beschwert habe?

B.: «Ich würde das nicht so sagen...»

Bis zur Protokollseite sechs hat Kantonspolizist B. durchgehalten. Erst bei der letzten Frage, ob er «von sich aus noch etwas beizufügen» habe, bekam er, unter Strafandrohung zur Wahrheit verpflichtet, kalte Füsse und sagte: «Anna hat zu ihrer Verteidigerin gesagt, es sei ihr ein anonymer Brief vorgehalten oder ihr gegenüber erwähnt worden. Ich beziehe mich da auf meine Handnotizen, sonst wüsste ich das nicht mehr. Es muss jemand von der Bupo (Bundespolizei, der Verf.) und ein Mann vom Kanton gewesen sein, bei der Bupo ev. V.» Diese beiden Beamten hätten Anna den anonymen Brief vorgehalten.

Der «Hofnarr» beantragte, die «Handnotizen» von Kantonspolizist B. «zu den Akten zu erheben». Doch Eugen Thomann, stellv. Kommandant der Kantonspolizei, lehnte dies auf Anfrage von Arbenz ab: mit der «Bitte um Verständnis», aus Gründen des «Persönlichkeitsschutzes». – Thomanns Prosa: «Würde sich einbürgern, dass der Polizeibeamte mit der Herausgabe seiner Notizen rechnen müsste, so neigte er wie jedermann dazu, allfällige persönliche Bemerkungen eben ausserhalb der ‹offiziellen› Handnotizen festzuhalten.». – Gibt es zu offiziellen Handlungen auch inoffizielle Notizen?

Drei Monate nach der ersten Befragung – der «König» liess sich Zeit – sagte am 18. Juli 1986 die Verteidigerin aus: Das Gespräch mit Anna über ihre Situation in Untersuchungshaft habe «etwa fünfundvierzig Minuten» gedauert. Dabei sei es um «die Bedeutung dieses anonymen Briefs» gegangen.

Seltsam, dass sich Kantonspolizist B. nicht ausführlicher an Annas Beschwerden erinnern konnte. Denn damals, beim (einzig möglichen) Besuch der Anwältin, am achtzehnten Tag ihrer Isolationshaft, schüttete Anna ihr Herz so lange aus, bis keine Zeit mehr blieb, um über das Verfahren zu reden. Wirklich seltsam – der Aufsichtsbeamte B. hatte allein aus diesem Grund (wahrscheinlich in Überschreitung seiner Kompetenzen) die Besuchszeit verlängern müssen, damit die beiden Frauen noch über das Verfahren sprechen konnten.

Von der Verteidigerin bekam Arbenz zu hören, dass Anna einen der beiden «Briefverhörer» als grossen, etwas älteren Mann mit dunklen Haaren beschrieben hatte. Darauf fragte der «König» den «Kaiser» in Bern, ob die Beschreibung auf jemanden am «Hof» der Bundesanwaltschaft zutreffen könnte. Bedauerlicherweise konnte Bundesanwalt Jörg H. Rösler mit diesem «sehr allgemein gehaltenen Signalement» nichts anfangen. Doch Kommissär V. war fünfundvierzig, wirkte nach Angaben des Winterthurer Museumspersonals wesentlich älter, war über eins achtzig gross und hatte braune Haare. – Im Licht, das Anna zur Verfügung gestanden hatte, mussten sie wohl dunkel erschienen sein.

Zudem liess Bern verlauten, Kommissär V. hätte Anna nie einvernommen; dies gehe aus den «Originalakten» hervor. – Gab es noch andere Akten? Leider verlangte der «König» beim «Kaiser» keine Auskunft darüber, ob sich Staatsdiener V. treu seiner Praxis wenig um die «Originalakten» kümmerte. Aber Bundesanwalt Rösler bestätigte, V. sei zur fraglichen Zeit, vom 19. bis zum 21. und am 23. November 1984, in Winterthur gewesen. Richtig. Damals hatte derselbe Bundesanwalt Annas Verteidigerin mitgeteilt, Kommissär V. sei «zuständig» als «Sachbearbeiter» für Annas «Strafverfahren» und die «Besuchsbewilligungen».

V. hatte während seiner Winterthurer Karriere auch Tom, Frank, Rosa und andere «Wintis» einvernommen. – Nur Anna sollte von ihrem «Sachbearbeiter» nicht einvernommen worden sein?

Bis zum 6. Dezember 1984 sei sie dreimal einvernommen worden, hatte Anna am Samichlaustag 1984 ihrer Verteidigerin noch sagen können, bevor Kantonspolizist B. den Besuch beendete. Bei drei Einvernahmen – so Anna – sei B. dabei gewesen. Annas Akten enthalten bis zu diesem Zeitpunkt tatsächlich drei von B. unterzeichnete Protokolle. Demnach müssten bis zum 6. Dezember 1984 drei bis vier weitere Einvernahmeprotokolle vorliegen. Es liegen aber bloss zwei Kurzprotokolle vom 19. und 20. November 1984 vor, die im Rahmen der Verhaftung entstanden waren. Beide Einvernahmen waren so kurz, dass nur die Anfangszeiten festgehalten wurden; die eine enthält zwei Fragen und eine Antwort. – Wo liegen die übrigen zwei bis drei Protokolle? Existieren sie irgendwo ausserhalb der «Originalakten»? Oder hatte V. keine schriftlichen Spuren hinterlassen wollen?

Kommissär V., der als «Sachbearbeiter» (Rösler) «nie etwas mit Anna zu tun gehabt hatte» (Rösler), unterzeichnete Annas Haft*befehl* vom 19. November 1984 und Annas Haft*verfügung* vom 20. November 1984. Die Haftverfügung eröffnete er ihr, wie er es bei Rosa tat, offensichtlich im Beisein von Rösler, der die Verfügung mitunterzeichnet hatte. Kommissär V. hatte Annas Haftverfügung einen persönlichen Vermerk beigefügt: «Beschuldigte verweigert Unterschrift». – V. soll nichts mit Anna zu tun gehabt haben?

War V. der Verfasser des anonymen Briefs? Auf Antrag des «Hofnarrs» erteilte «König» Arbenz am 5. Mai 1986 dem Urkundenlabor der Kantonspolizei den Auftrag, die Schrift zu analysieren. Und «um späteren Behauptungen», V. sei der Anonyme, «vorzubeugen» (Arbenz), forderte er bei der Bundesanwaltschaft Schriftproben des Kommissärs als Vergleichsmaterial an.

Darauf verbeugte sich der «Hofnarr» drei Monate lang mit Anfragen; er wünschte, den Brief zu sehen. Anfang August 1986 rückte der «König» den anonymen Brief (endlich) heraus, genauer: eine Kopie davon.

Mit dieser Kopie suchten wir Mitte August 1986 einen international anerkannten Gutachter auf. Er bestätigte meine alte Vermutung: «Kein Zweifel, V. ist der Verfasser».
    Eine gute Stunde erzählte mir der Experte von seinen Eindrücken aus langjähriger Erfahrung mit anonymen Briefen: Gezielte Verunsicherungen mit der Folge von Misstrauen, falschen Verdächtigungen und Anschuldigungen hätten schon manch intaktes soziale Gefüge zerstört.

Schwierig für eine Veröffentlichung der neuen Tatsache war allein, dass sich die Wissenschafter auf der Basis einer Kopie nur ungern schriftlich äussern wollten. Es sei ein Grundsatz, hiess es überall, wo wir anklopften, dass Schriftgutachter sich nicht mit einem Doppel begnügen sollten, solange – wie in unserem Fall – das Original greifbar sei.

Inzwischen legten der Journalist Jürg Frischknecht und ich der Witwe den anonymen Brief vor. Ihre Spontanreaktion: «Die Schrift ist zwar etwas verstellt, aber ich erkenne sie von weitem als diejenige meines Mannes». Ein paar Tage darauf rief ich sie nochmals an und fragte, ob sie bei einer allfälligen Kontroverse in der Öffentlichkeit zu ihrer Äusserung stehen würde. Sie hoffe zwar, sagte sie, die Bundesanwaltschaft dementiere nicht, aber ihre Meinung hätte sich nicht geändert.
Am 1. September 1986 erhielten wir von Professor W. Conrad von der Universität Mannheim erstmals etwas Schriftliches: eine vierseitige «Gutachtliche Stellungnahme». Conrad eruierte beim Schriftvergleich zwischen der Briefkopie und mehreren Ansichtskarten von Kommissär V. «vielfältige Merkmalsanalogien in Bezug auf eine Reihe graphischer Grundkomponenten sowie die Bewegungsführung spezifischer Majuskeln und Minuskeln».

Drei Gutachter hatten wir kontaktiert. Alle sagten dasselbe, und die Witwe bestätigte es. Dies sollte

Hoi ▮

Ich mags einfach nicht mehr mitansehen wie dich der ▮ verarscht.

Hinterlings schlecht machen und andere Chicks ficken ist ehrlich fis und für dich ein Frust.

Hilf dir selbst, ich kanns leider aus bestimmten Gründen nicht aber ich meins recht mit dir.

Gruss

Schreib doch wieder einmal.

HELVETIA

▮ Waldeggstr 8
8405 Winterthur - Seen

ausreichen, um am 4. September, zwei Tage nach Erhalt der «Gutachtlichen Stellungnahme» aus Mannheim, eine Pressekonferenz in Zürich zu veranstalten. Wir informierten über die Herkunft des anonymen Briefs, die Umstände der Verhaftungslüge und die «Winterthurer» Untersuchungsmethoden.

Gleichentags wies die Bundesanwaltschaft die Vorwürfe «vehement und global» zurück. Kommissär V. habe nie mit Anna zu tun gehabt. Er habe auch «keine Dienstregel verletzt» und sei «ganz normal» zur «Auswertung von Ermittlungsergebnissen» nach Bern zurückgerufen worden.

Bloss Eugen Thomann, V.s Erzfeind, sagte Gegenteiliges: Kommissär V. sei durch «gewisse Verhaltensweisen» aufgefallen, «die dem Verfahren abträglich» waren. Wegen dieser «Verhaltensweisen» habe die Zürcher Kantonspolizei in Bern interveniert, und daraufhin habe die Bundesanwaltschaft Kommissär V. aus Winterthur zurückgezogen. Später präzisierte Thomann die «Verhaltensweisen». Er nannte den Kassiberschmuggel von Frank zu Anna und zurück, den Hotelmeldezettel und den Auftritt im Winterthurer Kunstmuseum.

Dennoch bezeichnete Thomann unsere Vorwürfe als «Stimmungsmache auf Kosten von zwei Toten». Bezirksanwalt Marti pflichtete bei und ging zum Entlastungsangriff über. Er behauptete, ich sei der Urheber der Verhaftungslüge. «Aktenmässig» liesse sich dies belegen. Am Fernsehen sagte er auf die

Frage nach den «aktenmässigen» Belegen: «Es ist klar genug!» Leute hätten gesagt, Erich Schmid sei der Urheber...

Frau Tanner hatte am 28. April in ihrer Zeugeneinvernahme vor «König» Arbenz erklärt, sie habe mir die Verhaftungslüge am Telefon übermittelt, und bei den Äusserungen weiterer Zeugen in Margrits Elternhaus war ein Anwalt dabei. – Welche «Akten» könnte Marti am Fernsehen gemeint haben?

Meinte er etwa einen weiteren Telefonrapport von Wm M. vom 23. Juli 1986? Demzufolge musste Frau Tanner im Anschluss an ihre Aussageverweigerung nochmals zur Frage nach der Urheberschaft Stellung nehmen. Gemäss Rapport Wm M. soll die Mutter gesagt haben, möglicherweise sei ich der Urheber der Verhaftungslüge. Obschon auch dies zu bezweifeln ist, nachdem sie die Geschichte mir selber erzählt und dies eidesstattlich vor dem «König» bestätigt hatte, fügte sie laut Telefonrapport hinzu: «Genau kann ich dies nicht sagen» und «beschwören kann ich es nicht». Und: «Da ich zu einer solchen Aussage *gedrängt* wurde, will ich keinesfalls, dass ich wegen falscher Anschuldigung eingeklagt werde».

Von wem wurde die Mutter zur Aussage *gedrängt*? Von Wm M. «im Auftrag von Arbenz»? Oder von Marti, der möglicherweise davon ablenken wollte, dass er die Verhaftungslüge seinem Parteifreund, Margrits Vater, erzählt hatte?

Laut Wm M. soll die Mutter übrigens noch gesagt

haben, sie glaube, «dass sich das Gericht für eine gerechte Bestrafung der Übeltäter einsetzt und dass die Polizei notwendig ist und pflichtbewusst arbeitet».

Es ist anzunehmen, dass ähnliche Ermittlungsmethoden Frank im Prozess am 15. September 1986 acht Jahre Zuchthaus eingetragen haben. Die Richter konnten ihm zwar keinen einzigen der sechs angelasteten Anschläge mit dem Gesamtschaden von 36 000 Franken nachweisen. Sie gingen aber davon aus, dass er von den Anschlägen wusste, und so wurde er als «Mittäter» verurteilt. Sein Untersuchungsrichter war Bezirksanwalt Marti, der sich auf «Akten» wie etwa Wm M.s Telefonrapporte stützte.

Wenn die es fertig bringen, dachte ich am Prozess, aus mir über Nacht «aktenmässig belegt» einen Verhaftungslügner zu machen – warum sollten die aus Frank nicht auch einen Bombenleger konstruieren können?

Die Weltwoche kommentierte das Abschreckungsurteil des Zürcher Obergerichts mit dem Begriff der «Unverhältnismässigkeit», die hierzulande «wohl nur möglich ist, dank der Abwesenheit echten Terrors». Im Tages-Anzeiger wagte Kurt-Emil Merki zaghaft die Frage nach einer «Versöhnungsgeste» zu stellen. Merki arbeitet deswegen bald nicht mehr beim Tages-Anzeiger; er geriet allzu sehr in die Schusslinie von Redaktionsleiter Thomas Biland und Lokalredaktor Wigdorovits (früher Landbote, heute militant rechts).

In seinem Abschiedsbrief an Chefredaktor Peter Studer brauchte Merki das Wort «tschanunisierend», um das repressive Klima auf der Redaktion adäquat auszudrücken. Der Zürcher Baupolizeichef Günther Tschanun hatte im April 1986 fünf seiner Mitarbeiter niedergeschossen, nachdem er das (von FDP-Stadtrat Hugo Fahrner bestimmte) Arbeitsklima nicht mehr ausgehalten hatte. (Zum Glück kündigte Merki beim Tages-Anzeiger rechtzeitig von sich aus.)

Natürlich kam auch ich nicht ungeschoren davon. Nach unserer Pressekonferenz vom 4. September wollte Studer mit Brief vom 5. September auf meine Mitarbeit «vorläufig» verzichten. Redaktor lv. relativierte diese Vorläufigkeit kurz darauf mit einem Brief ans Obergericht: Schmid sei «in keiner Weise mehr für den Tages-Anzeiger tätig». Darauf entzog mir das Obergericht die Akkreditierung.

Von der WochenZeitung auf den Unterschied zwischen «vorläufig» und «in keiner Weise mehr» angesprochen, kommentierte Studer: Falls ich «vielleicht in späteren Jahren wieder» für den Tages-Anzeiger arbeite, würde er mich «automatisch» wieder akkreditieren lassen.

Inzwischen warf der Schweizerische Beobachter neue Fragen zum Gutachten des Urkundenlabors auf. Die Wissenschaftler der Zürcher Polizeien seien – gelinde gesagt – nicht über alle Zweifel erhaben.

«Von den zahllosen Expertisen, die der Beobachter untersucht hat», schrieb Anfang Oktober 1986 Chefredaktor Peter Rippmann, «entsprachen ausnahmslos alle den Erwartungen des jeweiligen Auftraggebers. Der Gutachter war offenbar unbewusst der naheliegendsten Arbeitshypothese erlegen – nämlich, es dem – zahlenden – Auftraggeber recht zu machen».

Rippmann kritisierte vor allem, dass die Kantonspolizei via Gutachten «als verlängerter Arm der Bundespolizei als Richter in eigener Sache tätig werden» konnte.

Der ehemalige «Stern»-Mitarbeiter Niklaus Meienberg stützte Rippmanns These: Ein Zürcher Polizeiwissenschaftler hätte seinerzeit die «Hitler-Tagebücher» für echt befunden – was der Hamburger Illustrierten ein gutes Stück Image kostete.

Zum Polizeigutachten in eigener Sache erklärte der «König» dem «Hofnarren» erstmals am 13. August 1986, das Urkundenlabor sei zum Schluss gekommen, dass Kommissär V. nicht der Verfasser des anonymen Briefs sei. Die «Höfe» in Winterthur und Bern wiederholten diese Schlussfolgerung nach unserer Pressekonferenz, und Staatsanwalt Pius Schmid bekräftigte sie erneut am Prozess gegen Frank.

Wie sich herausstellte, waren diese Stellungnahmen voreilig. Denn erstens wurde das Gutachten zitiert, bevor es (am 12. September 1986) ausgefertigt war, und zweitens kam das Urkundenlabor zu einer anderen Schlussfolgerung als behauptet. Wie bereits Professor Conrad aus Mannheim musste auch der Zürcher Polizeiexperte wenn nicht «vielfältige», so doch «verschiedene Merkmalsentsprechungen» feststellen. Allerdings untersuchte er sie nicht – im Gegensatz zu den «Merkmalsdivergenzen», die der Polizeiexperte in seinem fünfzehnseitigen «Schriftgutachten» ausführlich «diskutiert». Dazu die Prosa auf Seite 13: «Aus grundsätzlichen Erwägungen, d.h. aufgrund der Tatsache, dass für die Beurteilung im vorliegenden Fall keine in jeder Hinsicht optimalen Vergleichsvoraussetzungen geschaffen werden konnten, darf den festgestellten Divergenzen *nicht* im absoluten Sinne *identitätsverneinender* Gehalt beigemessen werden.» – Womit bloss noch die «Merkmalsentsprechungen» blieben. Doch diese «repräsentieren» für das Urkundenlabor «prinzipiell keinen Identifizierungswert». Und so kam der Polizeiexperte doch noch zur Schlussfolgerung, die den Erwartungen des Auftraggebers entsprach: «Aus der Sicht der Schriftexpertise ergeben sich keine Anhaltspunkte dafür, dass die inkrimierte Kuvertanschrift sowie der fragliche Brief (...) aus der Hand des Verstorbenen, V., stammt.»

In Wirklichkeit war Kommissär V. mehr denn je der Anonyme. Von den übrigen in die Untersuchung des Urkundenlabors einbezogenen Personen konnten alle «in absolutem Sinne» als Verfasser ausgeschlossen werden. Bloss bei V. blieben je nach Gutachter «verschiedene» oder «vielfältige» Schriftidentitäten bestehen.

Inzwischen erhielt der «Hofnarr» einen neuen «König». Staatsanwalt Pius Schmid. Dieser teilt ihm mit: «Das Gutachten des Urkundenlabors ist nach meinem Dafürhalten schlüssig. Ich habe keinen Grund, ein Obergutachten in Auftrag zu geben.» Als der «Hofnarr» nicht aufhörte, eine unabhängige Schriftexpertise zu beantragen, hob der neue «König» den Mahnfinger und meinte, wenn es sich herausstellen sollte, dass V. doch der Verfasser wäre, dann müsste er mit seinem «Hof» auf Annas Verteidigerin «losgehen». Denn diese «hätte im Anschluss an die Klagen ihrer Mandantin unverzüglich Beschwerde einreichen müssen». Da sie dies unterlassen hatte, würde eine schwere Verletzung der Anwaltspflichten vorliegen.
Jetzt forderte der «Hofnarr» den Ausstand von «König» Schmid. Der Verteidiger an die Staatsanwaltschaft: «Pius Schmid wollte offensichtlich durch Drohungen gegen eine Zeugin (Annas Anwältin, der Verf.) meine Beweisanträge verhindern. Solche Drohungen verstossen selbstverständlich gegen die Strafprozessordnung. Diese perverse Umkehrung des Spiesses gegen das Opfer unzulässiger Machenschaften der Polizei, zeugt von einer ungeheuerlichen Voreingenommenheit, oder – er (Pius Schmid, der Verf.) ist ja ehemaliger Polizeibeamter –

von Unfähigkeit, sich vom Solidaritätsgeist mit andern Polizeibeamten zu lösen. Ich frage mich nur, ob Annas Anwältin damals mehr Erfolg mit einer Beschwerde gehabt hätte, als ich mit meinen Beweisanträgen...»

«König» Schmid blieb hart. Für ihn sei die Untersuchung des anonymen Briefs überhaupt «unerheblich», da Annas Aussagen bloss *ein* Indiz auf Georges Delikte seien. Mit diesem *«einen»* Indiz hatte der Staatsanwalt zuvor freilich sämtliche Haftverlängerungen von George begründet. Und die Anklagekammer des Obergerichts hatte diese Haftverlängerungen mit dem gleichen Indiz sanktioniert. Und die Oberrichter haben sich im Prozess gegen Frank ebenfalls auf Annas Aussagen abgestützt. – Weshalb waren sie plötzlich «unerheblich»?

Der Absolutismus an den «Höfen» der Justiz trieb noch manche Blüten. Staatsanwalt Pius Schmid bezeichnete die Verhaftungslüge als «einen kürzlich erlebten Traum des Journalisten Erich Schmid» – nachdem Frau Tanner deren Existenz bei ihrer Zeugeneinvernahme bestätigt hatte. Für «König» Schmid hatten auch die Äusserungen der Witwe von Kommissär V. «keinen Beweiswert». Schmid nannte ihre Identifizierung der Schrift: «Mutmassungen».

Der «König» vertraute vielleicht zu sehr auf die Aktivitäten von Staatsdiener Eugen Thomann, der die

Witwe inzwischen telefonisch umzustimmen versuchte. Thomann empfahl dieser Frau eine «über jeden Zweifel erhabene Journalistin». Jemand sollte endlich die «ausserordentlich schmutzigen Mittel» der «publizistischen Helfer» der Winterthurer «Terroristen» ins rechte Licht rücken. Doch davon erfuhr bald die WochenZeitung. Sie fand heraus, dass die polizeilich empfohlene ü. j. Zw. erh. Journalistin eine «Autorin» (wie sich die Betreffende nennt) der Boulevardpresse war. Die Thomannschen Aktivitäten flogen auf. Obschon bereits im Besitz der vollen Adressen von Hinterbliebenen, brach die «Autorin» ihre Recherchen ab. Die Witwe hätte, wie sie mir bestätigte, auch nicht mitgemacht.

Schon unmittelbar nach unserer Veröffentlichung Anfang September hatten die «Höfe» von Winterthur, Zürich und Bern angekündigt, sie würden die «zusammengeschmierten» Vorwürfe «zur gegebenen Zeit im Detail» widerlegen. – Waren Thomanns Connections zur Boulevardpresse die entsprechenden obrigkeitlichen Anstrengungen? Widerlegt hat uns bis heute, Anfang November 1986, niemand. Bisher gab's bloss polizeiliches «Witwenschütteln» im Bernbiet, oder besser: ein kläglicher Versuch dazu.

Sämtliche Aussagen in direkter oder indirekter Rede in diesem Buch sind durch Tonbandaufnahmen, Dokumente, Gesprächsnotizen und Gedächtnisprotokolle belegt.

Die Namen aller nicht im öffentlichen Leben stehenden Personen wurden aus Rücksicht auf Angehörige und Betroffene verkürzt oder geändert.